LES

JEUNES VOYAGEURS
EN ASIE,

DEUXIÈME PARTIE,

CONTENANT LA CHINE, LE THIBET, LE JAPON, LA CORÉE, LA TARTARIE ET LA RUSSIE D'ASIE.

TOME SECOND.

PARIS, IMPRIMERIE DE GAULTIER-LAGUIONIE,
HÔTEL DES FERMES.

LES
JEUNES VOYAGEURS
EN ASIE,

OU

DESCRIPTION RAISONNÉE

DES DIVERS PAYS COMPRIS DANS CETTE BELLE PARTIE

DU MONDE,

Contenant des détails sur le sol, les productions, les curiosités, les mœurs et coutumes des habitans, les hommes célèbres de chaque contrée, et des anecdotes curieuses.

Avec une Carte générale de l'Asie, six Cartes particulières et seize Gravures en taille-douce.

PAR P. C. BRIAND,

Auteur des Jeunes Voyageurs en Europe.

TOME SEPTIÈME.

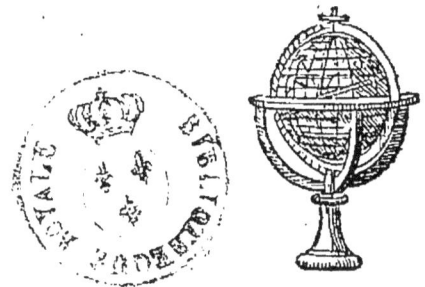

A PARIS,

CHEZ HIVERT, LIBRAIRE,

QUAI DES AUGUSTINS, N. 55.

1829.

LES
JEUNES VOYAGEURS
EN CHINE,

AU JAPON, EN TARTARIE,

ET DANS LA RUSSIE D'ASIE.

LETTRE VI.

Empire du Japon. — Nangasaqui. — Religions diverses. Gouvernement. — Usages particuliers. — Établissement du christianisme. — Le Cubo. — Le Dairi. — Enterremens. — Mariages, etc.

Les connaissances que nous avions acquises sur les mœurs, les habitudes, la forme du gouvernement des Chinois, nous faisaient vivement désirer de connaître l'empire du Japon, chose qui ne laisse pas que d'être difficile. Heureusement que nous eûmes occasion de nous attirer la bienveillance de deux officiers hollandais dont l'un commandait un vaisseau de Batavia allant à Nangasaqui, la seule ville du Japon où il soit permis aux étrangers d'aborder. Après plusieurs jours de navigation, nous nous trouvâmes en présence des premières îles du Japon nommées *Gotto*, qui ne sont habitées que par des laboureurs. Chacun de nous fut obligé de donner au capitaine ses livres de prières et autres objets de dévotion, avec tout l'argent qu'il pouvait avoir apporté d'Europe. On fit le mémoire de ce qui appartenait à chaque particulier, et tous ces effets furent mis dans un vieux coffre pour les dérober à la vue des Japonais. Cette précaution est d'autant plus nécessaire que l'on fouille les passagers, pour voir s'ils ne cachent pas sous leurs habits des chapelets, des livres, des images, des médailles portant l'empreinte d'une croix ou la figure de quelque saint. Ce serait un crime digne de mort que d'être chargé de ces marques de religion.

Nous entrâmes enfin dans un hâvre environné de montagnes, d'îles et de rochers qui le mettent à l'abri des tempêtes et des orages; c'était le célèbre port de *Nanga-saqui*, situé dans la partie de *Ximo* ou *Kiusiu*, la plus proche de l'Europe et la plus connue. Dix-huit bateaux étaient venus au devant de nous, et nous avaient conduits jusqu'au comptoir hollandais, moins pour nous faire honneur que pour nous observer. Deux officiers vinrent à bord, accompagnés de soldats, d'interprêtes et de commis. Ils demandèrent la liste des marchandises, le nom des passagers, leur âge, leur naissance, leur patrie, leur emploi. On nous interrogea sur les motifs de notre voyage, et l'on écrivit nos réponses. On nous lut des réglemens de police, auxquels il fallut nous conformer pendant notre séjour; ces ordonnances furent affichées dans le navire, et en différens quartiers de l'île. Elles portent, entre autres choses, qu'aucun étranger ne pourra sortir du vaisseau pour entrer dans la ville, ni sortir de la ville pour retourner à bord, sans une permission expresse et par écrit d'un officier japonais, qui doit la renouveler chaque fois qu'on passe d'un lieu à un autre. Dès que la nuit arrive, les commissaires chargés de la visite du navire, enferment les Hollandais dans leur maison, après les avoir comptés un à un, et tous les matins ils prennent les mêmes précautions et font les mêmes recherches pour s'assurer que personne ne s'est échappé.

La ville de *Nangasaqui* peut avoir trois quarts de lieue de longueur sur une largeur à peu près égale. Elle doit son accroissement aux Portugais, car ce n'était qu'un simple village lorsqu'ils en prirent possession, et ils en firent le premier entrepôt de leur com-

PORT DE NANGASAKI.

merce. On vit dès-lors arriver dans cette rade un grand nombre de navires étrangers. Les Japonais, invités par l'appât du gain, vinrent eux-mêmes s'y établir. Par là Nangasaqui s'accrut considérablement, et devint une des plus florissantes villes du Japon. Dans la suite, les Portugais ayant été chassés de l'empire, cette ville perdit beaucoup de sa grandeur, et n'est aujourd'hui que médiocrement peuplée. Ses habitans sont, pour la plupart, artisans, ouvriers, gens de journée, avec certain nombre de marchands. Cependant son port est encore le rendez-vous de tous les négocians qui ont la permission de commercer dans ce royaume. Sur le sommet des montagnes qui l'environnent, on a placé des corps-de-garde, d'où l'on observe tout ce qui se passe sur la mer, pour en donner avis aux magistrats.

Nangasaqui est une ville sans murailles ; les rues en sont étroites et irrégulières, le terrain inégal, les maisons basses et de médiocre apparence, mais très propres, et d'une distribution fort commode. Elles n'ont que le rez-de-chaussée, ou tout au plus un petit étage qui ne sert que de magasin. Là, comme à la Chine, on ne voit point de fenêtres du côté de la rue, et la façade des maisons bourgeoises n'offre communément qu'une porte pratiquée dans le mur. Celles des artisans et des marchands ont une boutique, où les uns travaillent, les autres étalent leurs marchandises. Ces maisons sont enduites de terre, et couvertes de planches : quelquefois on met par dessus une toile collée avec de la chaux.

Les appartemens ne sont formés que par des paravents que l'on arrange à son gré, et les fenêtres ne se ferment que par des châssis de papier. Quand on veut rafraîchir l'air de toute une maison on se contente d'ôter les paravents, et d'ouvrir les fenêtres. Les planchers et les plafonds sont construits en bois de cèdre ou de sapin.

Sur les premiers on étend des nattes, et l'on colle sur les autres du papier doré ou argenté. Ces mêmes nattes servent de lits et de chaises, ou pour mieux dire, les Japonais n'ont ni lits, ni chaises, ni aucune autre commodité de ce genre. Leur coutume est de s'asseoir à terre, comme la plupart des autres Asiatiques, et de dormir sur des tapis. L'intérieur de la maison, les fenêtres, les portes, l'escalier, s'il y en a, sont peints et vernissés, et tout y est d'une propreté admirable.

Cette ville renferme quelques édifices remarquables, tels que les arsenaux, les temples, le palais du gouverneur, qui occupe un terrain considérable, et domine toute la ville. Les temples dédiés aux anciens dieux du pays et aux idoles étrangères, dont le culte a été apporté des contrées voisines, sont bien bâtis, et consacrés non-seulement aux usages religieux, mais aux divertissemens publics. Ils ont des jardins spacieux où l'on a pratiqué des corps-de-logis séparés de celui où reposent les idoles. C'est dans ces édifices, et dans les lieux charmans dont ils sont environnés, que l'on célèbre les jeux et les fêtes solennelles.

Les Hollandais habitent une petite île située dans le port, et où ils sont comme enfermés. Cette espèce de prison n'a que six cents pieds de longueur sur deux cents de largeur. Il est défendu aux bateaux de la ville d'y aborder, et l'on ne prendrait pas plus de précaution à garder des criminels. Les Chinois, aussi resserrés que les Hollandais, ont leurs logemens sur une éminence dans un quartier tout opposé. Leur demeure est entourée de murailles, et ils ne peuvent sortir de cette enceinte sans une permission particulière des magistrats.

Il y a trois religions principales dans cet empire; la première et la plus orthodoxe, s'appelle *sintos;* elle tient pour le culte des anciens dieux du pays qui, suivant la tradition populaire, ont gouverné le Japon pendant plusieurs millions d'années. La seconde se nomme *budso*, et consiste dans l'adoration des idoles étrangères ; elle fut introduite dans ces îles au commencement de l'ère chrétienne. La troisième, appelée *sinto*, est un système plus moderne, fondé sur les lumières de la raison, et qui n'a pour objet que la pratique de la vertu, sans s'attacher à aucun culte.

La religion des *sintos* est un mystère pour le peuple ; les prêtres ne le confient qu'à leurs disciples, lesquels, en s'initiant, jurent de ne jamais le révéler. Ce serment regarde principalement l'origine du monde qui, au Japon comme ailleurs, est un objet très inconnu, et que chaque secte religieuse établit à son gré. Au reste il n'y a point de religion plus paisible que celle des sintoïstes ; elle éloigne toute mortification, comme désagréable aux dieux, qui aiment à voir les humains contents se livrer aux plaisirs. Leur seul objet est d'être heureux sur la terre ; cependant cette religion est celle du Japon qui est la moins suivie, parce que le commun des hommes préfère celle qui les rend malheureux.

La secte de *budso* a pris naissance dans les Indes d'où, sous des noms différens, elle s'est répandue à Siam, à la Chine et au Japon. On raconte mille traits fabuleux de son fondateur, et son histoire varie selon les divers pays où son culte est établi. Partout on s'accorde à lui rendre les honneurs divins. Les Indiens le nomment *Wisthnou*, les Siamois *Sommonacodon*, les Chinois *Foé*, les Japonais *Buds* ou *Siaka*. Il eut des disciples qui recueillirent ses plus belles maximes et les principaux articles de sa doctrine. Ils furent dans la suite mis au nombre des divinités de cette secte. On leur rend presque autant d'honneur qu'à leur maître ; ils sont placés dans les mêmes temples et sur les mêmes autels.

Le culte de Siaka fut apporté au Japon

par les mêmes missionnaires qui l'ont apporté aux Chinois. Il y fit d'abord des progrès assez lents, mais il a depuis si bien prospéré que c'est aujourd'hui la religion la plus florissante de l'empire; les sintoïstes mêmes en ont adopté les points les plus essentiels. Un des pricipaux est le dogme de la vie future, la fin du monde et le mépris de la mort. Cette doctrine, qui anéantit l'homme pour l'unir avec Dieu, ordonne d'abandonner père et mère pour la suivre; de s'oublier soi-même, de marcher à la perfection et de se rendre en quelque façon insensible, pour arriver aux récompenses célestes. Cette religion absurde, qui abrutit l'homme et le rend inutile à la société, a pour fondement la métempsychose, d'où résultent les conséquences connues de cet ancien système. On y admet aussi un paradis et un enfer; c'est pour mériter l'un et éviter l'autre, que les dévots partisans de cette secte exercent sur eux-mêmes des rigueurs de toute espèce, et se livrent à des austérités excessives ; leurs prières et leurs méditations ne sont que des sottises et des extases ; leurs humiliations des indignités ; leurs pénitences des fureurs.

Les bonzes du Japon, qui sont les prêtres de la secte des budsoistes, passent pour être aussi hypocrites et plus corrompus que ceux de la Chine ; mais ils jouissent d'une plus grande considération. Le peuple aussi imbécile, aussi crédule au Japon que partout ailleurs, les croit des saints, et les laisse prendre un empire absolu ; il ne se conduit que d'après leurs conseils, et se soumet entièrement à leur direction. Ces bonzes composent une espèce de hiérarchie ecclésiastique, sous un chef auquel ils attribuent l'infaillibilité en matière de doctrine. C'est de lui que dépendent les prêtres, les religieux et la plupart des confréries particulières. Ils sont distingués en plusieurs ordres qui répondent à toutes les dignités du catholicisme. Les prélats tiennent leur consécration et leur pouvoir du premier pontife, comme les nôtres les tiennent du pape.

La troisième secte, connue au Japon sous le nom de *Siuto*, était celle des philosophes qui faisaient consister le souverain bien dans le plaisir d'une vie douce et vertueuse. Ils pensaient que la raison n'avait été donnée à l'homme que pour se conduire conformément à ses lumières; qu'il faut être juste, bon, honnête, conserver sa conscience pure. Ils admettaient un Dieu maître de l'univers, mais ils n'observaient aucun culte déterminé. Persuadés que la volonté de Dieu est une, qu'il est immuable et n'est sujet à aucun changement, ils ne lui adressaient point de prières pour obtenir de la pluie ou du beau temps; ils se bornaient à le remercier de ses dons. Enfin ils suivaient la morale de Confucius, dont la mémoire n'est pas moins respectée au Japon qu'à la Chine. Ils honoraient leurs ancêtres, et avaient la plus grande indulgence pour les autres sectes.

Cette religion comptait anciennement parmi ses partisans les savans et les gens de la cour, les personnes les plus polies, les mieux élevées, les plus spirituelles, celles qu'une éducation saine avait mises à l'abri de la superstition et des préjugés. Elle eût pu devenir la secte dominante sans l'arrivée des idoles qui inspirèrent dans le peuple un enthousiasme général, auquel elle fut obligée de céder. Une religion si douce n'était point faite pour plaire à des insensés qui n'agissaient que d'après leurs prêtres, et qui croyaient se rendre agréables à Dieu en détruisant tous ceux qui ne partageaient pas leur ivresse. Les missionnaires ont prétendu que ces philosophes n'étaient point opposés aux principes du christianisme, et qu'ils contribuèrent même au progrès qu'il fit au Japon. Ce qu'il y a de certain c'est que le siutisme fut abandonné en même temps que le christianisme. Ses partisans furent forcés de se déclarer pour une des deux religions autorisées dans l'état, et, pour n'être point compris dans la persécution et sauver leur vie, leur liberté et leur fortune, ils placèrent dans leur maison une idole du pays.

L'établissement du christianisme chez ce peuple est sans contredit l'époque la plus remarquable de leur histoire, comme la conversion est la partie la plus brillante de l'apostolat de saint François-Xavier. Cet apôtre de l'Orient eut la gloire de faire triompher la religion chrétienne dans un pays où l'héroïsme, en fait de religion, tient le premier rang dans l'estime du peuple. Ce qui étonne les plus c'est que le zèle des nouveaux chrétiens suppléant au petit nombre des missionnaires, Jésus-Christ fut presque universellement adoré dans des provinces où aucun prédicateur n'avait encore pu pénétrer. Sa loi fut annoncée et goûtée malgré les efforts des bonzes, dont elle rendait la profession inutile; mais les

Japonais ne pouvaient pas ignorer ce qui s'était passé dans plusieurs contrées de l'Asie, où les Portugais avaient massacré une partie des habitans, et rendu leurs rois tributaires; ils voyaient ces mêmes Portugais mener une vie qui contrastait avec leur doctrine et ce que prêchaient les missionnaires; c'en fut assez pour inspirer des craintes aux princes même, et ceux-ci se laissèrent aisément persuader par les bonzes que l'intérêt de l'état exigeait que le christianisme fût extirpé du royaume. De là les troubles, les rébellions, les violences et les massacres qui portèrent un coup funeste à l'établissement de cette religion, sans cependant ralentir le zèle de ceux qui s'étaient faits chrétiens.

Mais ce qui acheva de les rendre odieux, fut la découverte d'une conspiration contre le trône même. Un officier portugais passa pour en être le chef; ses lettres, dit-on, furent interceptées, et envoyées à la cour; il fut arrêté, reconnut son écriture, et expia son crime sur un bûcher. Alors les Japonais renoncèrent à tout commerce avec les Européens, et l'empereur, dans une assemblée générale des grands du royaume, donna ce fameux édit qui défend à tous ses sujets de sortir du pays sous peine de mort. Les autres articles portaient qu'aucun étranger ne serait reçu au Japon; qu'on renverrait les Portugais et les Espagnols; que tous les chrétiens et ceux qui s'intéresseraient à leur doctrine seraient détenus prisonniers, et qu'on donnerait une récompense à quiconque dénoncerait un prêtre catholique. On vit naître alors la plus terrible persécution qu'ait jamais essuyée l'église de Jésus-Christ. Quarante mille chrétiens périrent, dit-on, assiégés dans une vieille forteresse où ils s'étaient réfugiés, et vendirent chèrement leur vie à leurs bourreaux.

Depuis ce moment, le Japon fut fermé aux catholiques romains, et surtout aux Portugais, et aux Espagnols. Les Hollandais seuls ont la permission exclusive d'aborder dans cette île; mais ils sont gardés à vue, observés, enfermés, et dans les premiers temps on les obligeait de jurer qu'ils n'étaient ni du pays ni de la religion des Portugais; aujourd'hui on les dispense de ce serment.

Pour achever d'éteindre chez eux jusqu'aux moindres traces du christianisme, les Japonais ont inventé une cérémonie, qu'ils appellent le *Jesumi*, et qui peint fortement la haine qu'ils ont conservée pour cette religion. Dans les endroits où l'on soupçonne qu'il en reste encore quelques vestiges, on fait chaque année une liste exacte de tous les habitans. Les commissaires de quartier vont de maison en maison, suivis de deux hommes qui portent l'un un crucifix, l'autre une figure de la Vierge. On appelle tous les gens du logis, et à mesure qu'ils paraissent, on leur fait mettre le pied sur ces images. Quand on a ainsi parcouru tous les quartiers, les commissaires eux-mêmes font le *Jesumi*, et apposent le sceau au procès-verbal. On ne soumet point à cet usage les Hollandais qui commercent au Japon.

Les annales de cet empire présentent une suite presque continuelle de tremblemens de terre, de tempêtes, de mortalités, de feux souterrains, de bruits épouvantables. Ces divers événemens ont engagé plusieurs empereurs à descendre du trône, comme des pères qui se sacrifient pour leur famille, persuadés qu'ils étaient que les maux des peuples sont des peines infligées par les dieux pour les fautes des rois. En conséquence ils se sont laissés dépouiller de leur autorité, sorte de révolution qui a donné deux maîtres à l'état ; l'un ecclésiastique appelé *Dairi*, qui ne fait rien ; l'autre séculier, nommé *Cubo*, qui fait tout.

Les Japonais reconnaissent donc aujourd'hui deux monarques; le premier qui descend des anciens empereurs porte son empire dans le fond des consciences ; le second qui a usurpé l'autorité civile ne commande que les actions extérieures ; mais il a la force pour se faire obéir. L'un jouit de tous les respects, l'autre de tout le pouvoir. Le Dairi a celui de faire des dieux et n'a pas celui de faire une loi. Il reçoit les hommages et non l'obéissance des peuples. Il n'est pas descendu du trône, mais il n'y règne pas. Honoré comme une divinité, il prend ce trône pour un autel. Le Cubo encense et méprise l'idole, et ils vivent unis. Une des prérogatives du monarque spirituel est le droit de confirmer et d'installer le Cubo à chaque mutation de règne. Il nomme à toutes les dignités ecclésiastiques, et reçoit les hommages du monarque séculier qui, tous les cinq ou six ans, lui rend une visite solennelle. Le Cubo fait son séjour à Jédo capitale du Japon, et le Dairi dans la ville sainte de Méaco, éloignée de Jédo d'environ soixante lieues.

Le Cubo abandonne au souverain pontife, pour sa subsistance, le revenu de la ville et du territoire de Méaco, avec quelques pensions assez mal payées. Mais le Dairi tire un avantage plus réel du pouvoir qu'il a de conférer et de vendre les titres d'honneur, non seulement aux particuliers, mais au Cubo même qui lui a laissé cette prérogative de la souveraineté. Ces titres répondent à ceux de *marquis*, de *comte*, de *chevalier*, etc. La plus grande partie des richesses qu'ils procurent au Dairi, est employée à soutenir l'éclat de son impuissante royauté; car la maxime de cette cour est d'en imposer par des marques de splendeur, de cacher sa pauvreté sous les dehors de la magnificence, et de suppléer par le faste à la véritable grandeur qui lui manque. Ce faste paraît dans tout ce qui a rapport à la personne du pontife. Les mariages, la naissance et l'éducation du prince qui doit lui succéder, et surtout le choix d'une nourrice, demandent une pompe extraordinaire. La dignité de ces prêtres-rois est héréditaire, et appartient aux aînés. Au défaut des mâles, les filles succèdent, et il est même arrivé que les veuves montent sur ce trône ecclésiastique.

Le Daïri épouse ordinairement douze femmes, suivant la coutume observée par ses prédécesseurs. Il n'y en a qu'une qui porte le titre d'impératrice, et c'est toujours la mère du prince héréditaire. Elle a le même logement que son époux; les autres habitent dans des palais voisins. La cour de ce pontife est fort nombreuse, quoique les appointemens qu'il donne à ses officiers soient médiocres; mais l'appât des bénéfices qui sont à sa nomination et ce qui attache tant de gens à son service. L'étude des sciences est la principale occupation des grands de la cour, laquelle n'est composée que d'ecclésiastiques qui se croient tous issus du sang des dieux du pays. Cette origine prétendue donne à cette prêtraille une vanité insupportable. Les prêtres catholiques sont plus modestes, du moins en France, ils se croient seulement égaux aux princes.

Le Cubo a une cour nombreuse composée des plus grands seigneurs de l'empire. Les uns sont immédiatement attachés à sa personne; les autres viennent lui rendre hommage, et une loi invariable les oblige tous à passer au moins six mois de l'année dans la capitale. Le prince veille sans relâche à les tenir dans la dépendance. Il démembre leurs états pour les affaiblir. Il fait les mariages de ceux qui forment sa cour, et les femmes qu'on tient ainsi de sa main, sont traitées avec la plus grande distinction. On leur bâtit des palais; on leur donne une maison nombreuse, et beaucoup de filles pour les servir.

Le Cubo n'a dans ses mains, comme je l'ai dit, que la puissance temporelle, mais son autorité est absolue et despotique. Il emploie également la politique et la force pour maintenir un trône qui leur doit son établissement et sa conservation. Les princes et les magistrats du royaume sont tellement subordonnés à ses volontés qu'il peut, sans autre motif que son caprice, les exiler, confisquer leurs biens, les dépouiller de leurs charges, leur ôter la vie. Sa garde est d'environ six mille hommes. L'état de ses troupes en temps de paix est de cent mille fantassins, et vingt mille cavaliers. Pendant la guerre chaque seigneur est obligé de lui fournir un certain nombre de soldats, suivant ses revenus.

Pour contenir le peuple et les grands dans le devoir, ce prince a, dans toutes les villes principales, de fortes citadelles, dont les commandans lui sont dévoués. Il entretient par tout le royaume des espions qui l'avertissent de ce qui se passe. Sous prétexte de favoriser les grands, on exige que leurs enfans mâles soient élevés dans la capitale, et sous les yeux du maître qui les retient à sa cour comme autant d'ôtages et de garans de la fidélité de leurs pères. On ne permet pas non plus que les seigneurs aient entre eux des liaisons secrètes, ni même un commerce trop fréquent. On souffre encore moins que, par leurs richesses, ils fassent ombrage au souverain qui, pour les appauvrir, va s'établir pendant quelques jours dans leurs châteaux, et épuise promptement leurs trésors par les apprêts extraordinaires qu'exige cette faveur apparente.

La couronne temporelle est héréditaire comme la spirituelle, et les revenus du Cubo consistent dans son domaine qui renferme près de la moitié du Japon, et dans les droits qui se perçoivent en son nom sur le commerce étranger et sur les mines. On lève peu de taxe sur les habitans des villes, encore ne tombent-elles que sur les propriétaires des maisons, et sont proportionnées à l'étendue du terrain qu'occupe chaque possesseur. La seule ville de Méaco est exempte de toute imposition. On met un droit impérial et annuel sur le froment, le riz, et généralement sur toutes les productions des terres cultivées.

Le Cubo a sous lui plusieurs princes subalternes qui régissent ses provinces, et auxquels il conserve le titre de roi et l'éclat de cette dignité; mais ce sont des rois de théâtre qui rampent aux pieds du trône impérial, et que leur couronne ne garantit pas de la foudre. Du reste, ils tiennent un rang considérable dans l'état, et plusieurs d'entre eux ont des domaines très étendus. Ils exercent la justice et commandent les armées chacun dans leur district. On n'y envoie point d'autres gouverneurs, mais ils doivent venir tous les ans à Jédo, rendre compte de leur administration, sans compter que l'empereur, au moyen d'un homme qu'il met auprès d'eux, sous le prétexte de leur servir de conseil, mais réellement pour être leur espion, obtient une connaissance exacte de toutes leurs affaires.

Ces espèces de secrétaires sont des gens qui ont servi le prince dès leur jeunesse, et dont il connaît l'esprit et la capacité. Outre les preuves qu'il a pu avoir de leur attachement pendant le temps de leur service auprès de sa personne, il s'en assure encore par un acte signé de leur sang; de sorte qu'il ne se passe rien devant eux dont sa majesté ne soit informée. Ils tiennent un journal exact de tout ce qu'ils voient dans la vie et dans la conduite des grands; ceux-ci n'entreprennent rien sans leur avis, et ne font aucune affaire que par leur entremise. Aussi ces gens-là ont-ils une grande autorité dans les provinces, et beaucoup de crédit auprès de ceux dont ils sont comme les espions. On a besoin de leur faveur pour se conserver la bienveillance du maître.

Les villes impériales, c'est-à-dire celles du domaine de l'empereur, telles que

Jédo, Osaka, Sakai, Nangasaqui, etc., sont régies par des gouverneurs ou lieutenans-généraux que le souverain y envoie. Pendant qu'ils sont en place, il leur est défendu, sous les peines les plus rigoureuses, de recevoir aucune femme dans leur palais; ils sont même privés de leurs épouses qui doivent rester à la cour avec leurs enfans pour répondre de la fidélité des maris. La police des autres villes appartient aussi aux gouverneurs qui, chaque jour, font un rapport fidèle de ce qui s'est passé. Il y a dans chaque rue un commissaire qui a soin qu'on y fasse la garde pendant la nuit, et que les ordres de la police soient ponctuellement observés. Outre le commissaire, chaque rue a son greffier, dont l'emploi est d'expédier les passeports, les certificats de vie et de mœurs, de tenir un registre exact des personnes qui habitent le quartier, des gens qui voyagent ou qui changent de domicile, de ceux qui naissent ou qui meurent, et dans quels sentimens ils sont morts; quelle religion ils professaient, etc.

Il y a une autre espèce d'officiers qu'on appelle messagers de ville, qui en même temps servent d'archers et de sergens. Ils forment une compagnie composée d'environ trente familles, lesquelles, depuis un temps immémorial, sont en possession de cet emploi. Ce sont des gens d'une adresse extraordinaire qu'on charge quelquefois des exécutions publiques, surtout lorsqu'il faut couper la tête à des criminels. Leur office qui, en Europe, est regardé comme vil et méprisable, n'est au Japon qu'un emploi militaire, et ceux qui l'exercent portent deux cimeterres comme la noblesse.

Les lois pénales sont dans ce pays d'une rigueur qui fait frémir l'humanité. Les législateurs de cet empire l'ont traité comme une société de scélérats, sur laquelle ils ne pouvaient laisser tomber au hasard, sans frapper un coupable. La plus légère transgression est toujours suivie de châtimens corporels, et quelquefois de peines capitales. L'homicide involontaire et même forcé, la contrebande, et l'infraction de certains réglemens de pure police, sont punis du feu ou de la roue. Quant aux crimes qui intéressent à un certain point la tranquillité de l'état, ou la majesté du souverain, tous les parens de l'accusé sont enveloppés dans sa ruine. On nous a raconté plusieurs traits de cette excessive sévérité.

Un administrateur du domaine fut convaincu d'avoir amassé des cimeterres et d'autres armes qu'il devait faire passer secrétement en Corée; cette faute entraîna la disgrace d'une famille nombreuse et l'une des plus distinguées du pays. Le coupable fut condamné avec tous ses complices à être crucifié; son fils unique, âgé de sept ans, fut décapité à ses yeux, sa maison rasée, et ses parens, dépouillés de leurs biens, furent bannis à perpétuité.

Le gouverneur d'une petite province ayant commis des exactions sur les paysans, fut condamné lui, ses fils, ses frères, ses oncles et cousins, à se fendre le ventre. C'est le genre de mort le plus usité au Japon. Ces personnes étaient dispersées et éloignées l'une de l'autre de plus de cinquante lieues, et cependant l'arrêt ordonnait qu'elles périssent toutes le même jour et à la même heure. Les ordres furent tellement ménagés, qu'au coup de midi, il ne restait plus un seul homme de cette famille malheureuse. Des lois si tyranniques supposent ou rendent un peuple méchant et féroce, et exterminent toutes les vertus, en confondant le malheur avec le crime.

Quand on veut favoriser le coupable, on permet à son plus proche parent de l'exécuter dans sa maison, et cette mort, plus honnête, ne flétrit ni celui qui la donne, ni celui qui la reçoit. Mais il est plus honorable de se la donner soi-même. Aussi la plupart demandent avec instance la permission de se fendre le ventre glorieusement. Un criminel qui obtient cette faveur, assemble sa famille et ses amis, se pare de ses plus riches vêtemens, fait un discours pathétique sur sa situation, puis prenant un air gai et content, il se découvre le ventre, et s'y fait, de bonne grace, une ouverture en croix. L'attentat le plus horrible est effacé par ce genre de mort; on met le défunt au rang des braves, et ses parens ne contractent aucune tache.

Lorsque les preuves qui résultent d'un procès criminel ne suffisent pas pour condamner un prévenu, on a recours à divers genres de tortures, et si ce supplice n'arrache pas l'aveu de l'accusé, on le retient en prison, ou bien on le relègue dans une île déserte; ainsi, coupable ou non, il est toujours puni. Cette dernière punition est principalement celle des grands du royaume. L'île où ils sont transportés est à quatorze lieues de la capitale, et n'en a qu'une de circuit. On n'y remarque ni port ni rade, et ses rives sont si prodigieusement escarpées, que lorsqu'on y amène des vivres, qu'on veut y faire entrer un prisonnier, ou qu'on y change la garde, il faut élever le bateau avec toute sa charge par le moyen d'une grue. Le sol ne produit que quelques mûriers, et l'on est obligé d'y envoyer de quoi faire subsister les exilés. Un peu de riz, quelques racines, et de mauvaise viande, font toute leur nourriture. Pour ne pas les laisser languir dans une oisiveté ennuyeuse pour eux et à charge à l'état, on les occupe à élever des vers-à-soie, ou à fabriquer quelques étoffes qui dédommagent de leur entretien.

Nous avons eu occasion d'assister au convoi funèbre d'un homme de qualité. Nous vîmes d'abord un long cortége de femmes parentes ou amies du défunt, toutes habillées de blanc et la tête couverte d'un voile. Les plus distinguées se faisaient porter dans des chaises, dont l'appareil ne se sentait point d'une cérémonie funèbre. Elles étaient accompagnées de leurs suivantes, et d'un nombre de filles esclaves attachées à leur service. A leur suite marchaient les plus qualifiés des autres amis du défunt, vêtus de leurs plus beaux habits. Après eux venait à une certaine distance, une troupe de bonzes précédés de leur supérieur porté dans une chaise, et couvert d'une robe à fleurs d'or. Les autres moines avaient une espèce de surplis sous un grand manteau à queue traînante; et l'un d'eux frappait sans cesse sur un bassin en forme de timbale, tandis que ses confrères chantaient les louanges de leurs dieux. Entre eux et leur chef était un homme habillé de gris, qui tenait une grande torche de pin. D'autres portaient au bout d'une pique une corbeille remplie de fleurs, qu'ils faisaient tomber comme une pluie en la secouant, pour marquer que l'ame du mort était dans le ciel. En effet, toutes les fois qu'ils remuaient leurs corbeilles, les spectateurs transportés de joie, s'écriaient : Il est heureux, il a été reçu dans le séjour de la béatitude.

Derrière ces hommes, mais à quelque distance, huit jeunes bonzes avaient sous leurs bras de longues baguettes ornées d'une banderole sur laquelle était écrit le nom de la principale divinité qu'adorait le défunt. Ils étaient suivis de douze autres moines, dont dix portaient, chacun au bout d'une perche, une lanterne marquée du même nom, et les deux autres une torche qui n'était point allumée. Venait ensuite une troupe de gens vêtus de gris, avec de petits chapeaux de forme triangulaire, noués sous le menton, et faits d'un cuir noir et verni. Le nom du dieu était encore écrit en gros caractères sur une bannière qui marchait immédiatement à leur suite.

Enfin le corps parut; il était porté par quatre hommes dans une riche litière, assis sur ses talons, le visage découvert, les mains croisées sur la poitrine, dans la posture d'une personne qui prie. Il avait sur ces habits une de ces robes de papier dans laquelle tous les dévots veulent mourir. Les principaux objets de leur religion y sont représentés avec des caractères mystérieux qui leur servent de passeport pour l'autre monde. Les enfans du défunt environnaient cette chaise funèbre, vêtus de leurs habits de fête. Le plus jeune tenait une torche allumée avec laquelle il devait mettre le premier le feu au bûcher. Le lieu où le corps fut déposé est un champ fermé de murailles tendues en noir, couleur qui dans ce pays n'a rien de lugubre. On avait creusé une fosse, du fond de laquelle s'élevait un bûcher entre deux tables, l'une remplie de viandes, et l'autre chargée d'une poële remplie de braise allumée.

Les bonzes ayant mis le mort sur le bûcher, leur chef s'approcha, et prenant le flambeau que tenait un des fils du défunt, il l'agita, comme un encensoir en faisant trois fois le tour de la fosse; mais, après avoir récité quelques prières, il le rendit à celui de qui il l'avait reçu, et ce dernier le jeta au milieu du bûcher. Alors les autres bonzes y mirent le feu en plusieurs endroits, et y versèrent de l'huile et d'autres matières combustibles mêlées d'aromates. Lorsque le corps fut consumé, les parens s'approchèrent de la table sur laquelle était le brasier, y répandirent des parfums, et s'inclinèrent profondément pour adorer le mort dont ils croyaient que l'ame était envolée dans le ciel.

La coutume de brûler les cadavres n'est pas généralement établie au Japon. On se contente le plus souvent de les inhumer; les pauvres surtout n'en usent pas autrement. A cela près, malgré la diversité des religions, les funérailles se font dans tout le royaume d'une manière assez uniforme. Les prêtres assistent aux enterremens, sans autre rétribution que celle qui leur est offerte volontairement; mais avant la mort du malade, ils emploient tous leurs soins, et toutes les ruses dont ils sont capables, pour se faire donner une partie de son bien.

Après la cérémonie tout le monde se retira. Le lendemain, les parens et les amis se rendirent au même lieu, recueillirent les cendres, les renfermèrent dans un vase doré qu'ils couvrirent d'un voile très riche, et les déposèrent dans l'endroit même où était le bûcher. Nous apprîmes que l'usage était de les y laisser sept jours, durant lesquels les moines vont y faire des prières. La famille vient ensuite les enlever, et les conserve précieusement. On place l'urne sur un piédestal, où l'on marque le nom du défunt, et celui du dieu dont il suivait le culte.

Au bout de sept mois, on rend aux morts de nouveaux honneurs, en observant une partie des mêmes cérémonies. On en fait autant au bout de sept ans. Il y a même des personnes qui s'acquittent de ce devoir toutes les semaines. L'empereur lui-même célèbre très exactement l'anniversaire de son père, et ce jour-là, il donne la liberté à plusieurs prisonniers. Dans quelques sectes on est persuadé que les ames voyagent pendant un certain nombre d'années dans les airs, avant que d'être admises au séjour des bienheureux, et reviennent une fois par an visiter leur famille. Cette opinion a donné lieu à une fête uniquement consacrée à la réception des revenans. Les maisons sont ornées avec la même magnificence que si l'on attendait la visite de l'empereur. La veille, chaque famille sort de son habitation pour aller au-devant des esprits, et les campagnes sont éclairées de flambeaux pour empêcher qu'ils ne s'égarent. Quand on présume qu'ils sont arrivés, on leur fait de grands complimens; on les invite à se reposer, on leur offre des rafraîchissemens, et l'on continue très sérieusement, pendant plus d'une heure, cet extravagant entretien. On sert ensuite un repas superbe, où les morts ont leurs couverts comme les vivans, et l'on ne doute pas qu'ils ne sucent la plus pure substance des mets qu'on leur présente.

Après le repas, chacun va rendre visite aux ames de ses amis et de ses voisins; et la nuit se passe à courir ainsi toute la ville. La fête dure encore le lendemain, et ensuite on reconduit les morts avec la même cérémonie, jusqu'au lieu où l'on s'était rendu pour les recevoir. De peur qu'ils ne s'arrêtent dans les maisons, et n'importunent les vivans par des apparitions effrayantes, on jette des pierres sur les toits, et l'on visite les appartemens en frappant dans tous les coins avec des bâtons, pour donner la chasse à ces ames vagabondes.

Le deuil qui se porte en blanc, comme à la Chine, dure deux ans, pendant lesquels on renonce à tous les plaisirs. L'appareil en est très lugubre : une robe de grosse toile, unie et sans doublure, se met par dessus les autres vêtemens, et s'attache avec une grosse et large ceinture. Cet habillement est le même pour les hommes et pour les femmes. Les uns et les autres portent aussi une coiffure de deuil; elle consiste en un bandeau d'où pend par derrière une longue bande en façon de crêpe. Cette simplicité est accompagnée de la plus grande modestie; on marche lentement, les yeux baissés, les mains enfermées dans les manches. Il n'est permis alors ni aux parens ni aux amis du défunt, d'ôter la vie à aucun animal. Pendant l'année du deuil de l'empereur, il est défendu, dans tout le Japon, de tuer ou de porter au marché des créatures vivantes.

Je vais vous entretenir d'un sujet plus agréable et surtout plus gai, ce sont les mariages. J'avoue que j'étais curieux de voir une noce japonaise, et je saisis l'occasion qui se présenta de me satisfaire. On alla prendre dès le grand matin les jeunes gens chacun dans une chaise séparée, traînée par quatre bœufs, et on les mena hors de la ville, au son de divers instrumens, vers une colline, où devait se faire la cérémonie. La voiture du jeune-homme était suivie de plusieurs chars remplis des hardes, des meubles et du trousseau de la future. Arrivés au pied de la colline, ils gagnèrent le sommet. Les parens, les musiciens et les autres assistans les suivirent par un autre chemin: les uns se rangèrent derrière le garçon, les autres derrière la fille, et tous étaient assis deux à deux sous un parasol que tenaient leurs valets. Les musiciens se placèrent pêle-mêle : les uns assis, les autres debout, frappant avec des bâtons suspendus à des chaînes, et faisant danser la compagnie au son de cette étrange musique.

La cérémonie nuptiale se fit dans une tente dressée à quelques pas de là. Les époux y entrèrent par deux côtés opposés. Au milieu était un autel paré, sur lequel on voyait une figure monstrueuse, qui représentait le dieu de l'hyménée. Ce dieu avait la tête d'un chien, pour montrer que la fidélité et la vigilance sont également nécessaires dans l'état du mariage. Le cordon qu'il tenait entre ses mains est un autre symbole de la force et de la nécessité de ses liens. Devant l'autel était le prêtre, et les jeunes gens à côté de lui, l'épouse à droite et le mari à gauche, tenant chacun comme chez les Grecs, une torche nuptiale. Pendant que le ministre récitait confusément quelques prières, la mariée alluma son flambeau à une lampe, et le jeune homme alluma le sien à celui de sa femme. Alors tous les assistans jetèrent des cris de joie, souhaitèrent aux deux époux toutes sortes de prospérités, et le prêtre y ajouta sa bénédiction.

Pendant que ces choses se passaient sur la hauteur, d'autres personnes restées au bas, s'occupaient de diverses pratiques consacrées par l'usage. Les uns jetaient au feu les poupées qui avaient servi d'amusement à la jeune femme; d'autres prenaient dans leurs mains, et plaçaient de mille façons différentes, un rouet et une quenouille, instrumens plus utiles qui devaient succéder aux jeux de l'enfance. On ramena l'épouse, et on la conduisit au logis de son mari parmi les acclamations du peuple. De jeunes garçons couverts de guirlandes plantèrent des drapeaux sur le faîte de la maison et semèrent de fleurs les appartemens.

Les Japonais marient leurs filles sans dot, de peur, dit-on, qu'elles n'en deviennent plus fières et plus impérieuses. Il est même d'usage de payer une somme d'argent au père et à la mère de la jeune personne, qui la leur présente elle-même, en reconnaissance de la peine qu'ils ont eue de l'élever. Ainsi, plus ils ont de filles plus ils se croient riches, surtout si elles sont jolies. Les Japonais s'allient sans scrupule avec les parens les plus proches, excepté au premier degré. Le monarque spirituel ne s'est pas encore avisé d'empêcher les mariages entre l'oncle et la nièce, la tante et le neveu, le beau-frère et la belle-sœur, et même entre les cousins et cousines. Il n'a pas pensé au revenu immense que lui produiraient les dispenses.

Quand l'aîné d'une famille est parvenu à l'âge de maturité, les pères lui remettent leur bien; ils ne s'en réservent qu'une légère portion pour leur subsistance, et celle des autres enfans qui se trouvent réduits à une succession médiocre, comme si les enfans d'un même père n'étaient pas tous égaux. Les filles mêmes n'ont aucune part à la succession de leurs parens. Cette coutume peut aller de pair avec le préciput légal que les partisans du droit d'aînesse voulaient naguère introduire en France. Il ne faut pas s'étonner si, au Japon comme à la Chine, l'usage permet d'étouffer ou de noyer les enfans quand on n'est pas assez riche pour les nourrir.

Telle est la disposition précoce du sexe japonais qu'on est obligé de marier les filles à onze ou douze ans pour empêcher qu'elles ne se déshonorent. On ne les consulte point sur le choix d'un époux. On se prend sans se connaître ; ce sont les parens qui forment ces alliances ; mais ce contrat aveugle n'a rien de bien incommode, parce que les conjoints, pour des causes très légères, ont réciproquement la faculté de se séparer. Les Japonais ne pensent pas qu'on puisse attacher sans retour des gens presque toujours mal assortis.

L'usage de ce pays permet la polygamie, mais une seule femme a le rang d'épouse et le droit de manger avec le mari. Les autres ne sont proprement que des concubines, ou même des esclaves destinées à servir l'épouse légitime. Leurs enfans n'ont qu'une très légère portion de l'héritage paternel. Les femmes des princes et des grands seigneurs sont renfermées dans une espèce de sérail, où la plupart de celles qui sont à leur service vieillissent dans une triste et affligeante virginité. Elles ne peuvent se marier pendant qu'elles y restent, et leurs maîtresses une fois accoutumées à elles, les gardent presque toujours.

Les dames japonaises vivent dans une grande retraite. Il est rare qu'elles reçoivent la visite des hommes, et alors elles se couvrent d'un voile qui leur cache le visage et quelquefois tout le corps. Elles sortent peu, et, pour l'ordinaire, elles se font porter dans des chaises ainsi que leurs suivantes. Si elles sortent à pied, ce qui est très rare, elles sont escortées d'une nombreuse troupe de femmes esclaves. L'une porte les mules de sa maîtresse, l'autre des mouchoirs, quelques-unes des confitures, des parasols, des éventails, etc.

L'habillement des Japonais diffère peu de celui des habitans de la Chine. Il consiste dans une robe flottante plus ou moins longue, suivant la qualité des personnes. Les grands seigneurs ont de ces belles étoffes de soie à fleurs d'or et d'argent qui ne se fabriquent que pour leur usage. Sous le premier habit, ils ont une ou plusieurs vestes qui descendent presque jusqu'à terre, et par dessus le tout est une ceinture large qui embrasse la poitrine. Ils portent ces robes fort amples, la queue traînante, et à grandes manches. Leur veste, quoique moins longue, descend encore jusqu'à terre. Des hauts-de-chausses qui tombent plus bas que les genoux, des bottines courtes et des pantoufles vernissées forment le reste du vêtement. Ils ont tous des éventails à leur ceinture, mais les ornemens dont ils paraissent les plus curieux, sont le sabre et le poignard qu'ils y attachent également, dont la poignée et souvent même le fourreau sont enrichis de pierreries.

Les gens du peuple ont une robe qui ne va que jusqu'à mi-jambe, et dont les manches ne passent pas le coude. En hiver ils portent des bottines et des sandales de cuir, de jonc ou de bois. Dans les autres temps ils vont pieds nus. Ils attachent leurs habits avec une ceinture qui leur serre les reins. Ils ne se servent point de chapeaux, si ce n'est en voyage ou à la guerre. Les gentilshommes se rasent le haut du front, et laissent croître le reste de leurs cheveux. Les bourgeois, les artisans et le peuple font le contraire ; ils gardent ceux de devant, et se rasent le derrière de la tête, conservant néanmoins une touffe de cheveux comme les Chinois.

A l'égard de la barbe, à mesure qu'elle croît, ils se l'arrachent avec des pincettes.

Les Japonaises sont à peu près habillées comme les hommes. Elles ont une robe flottante dont la queue est fort longue, et sous cette robe plusieurs vestes. C'est par leur nombre que l'on juge de la qualité des personnes. On prétend que des femmes de qualité en ont quelquefois jusqu'à trente; il est vrai qu'elles sont d'une étoffe si déliée et si mince qu'elles ne grossissent pas trop leur taille, mais que de temps pour faire une pareille toilette! La ceinture est large et bordée de fleurs. Les filles la lient par derrière, les femmes par devant. Les unes et les autres se coiffent en cheveux, mais différemment, selon leur état et leur naissance. Celles du commun les relèvent sur le haut de la tête, et les arrêtent avec une aiguille. Les dames les nouent par derrière, et les laissent tomber en touffes pendantes. Un peu au-dessous de l'oreille gauche, elles ont un poinçon qui s'avance sur le visage, et à l'extrémité duquel pend un diamant ou une perle, ce qui n'empêche pas qu'elles n'aient encore des boucles d'oreilles.

Les hommes sont presque généralement laids; ils ont les yeux petits et enfoncés, le teint olivâtre, les sourcils épais, le nez écrasé, la tête grosse, les jambes courtes, et la taille au-dessous de la médiocre. Cependant les personnes de qualité, les descendans des anciennes familles ont l'air plus noble, le port avantageux, et même de l'agrément dans la figure.

A l'égard du caractère, tout ce que l'on voit de ce peuple prouve un naturel excellent, un cœur élevé, généreux, bienfaisant, un esprit doux, des mœurs faciles et sociables; sobre, frugal, économe dans le particulier, le Japonais est magnifique et prodigue dans les occasions d'éclat. Il est fier, intrépide; ennemi de toute bassesse, supportant avec courage les disgraces, et méprisant la mort qu'il se donne pour le plus léger sujet. L'honneur est le principe sur lequel roulent toutes ses démarches, et il ne s'en écarte jamais, quelque fausses, quelque excessives que soient les règles qu'il s'est prescrites. La bonne foi, la franchise, le désintéressement sont des vertus aussi communes chez ces insulaires, qu'elles sont rares chez les Chinois. Ils sont curieux, spirituels, amis des arts et des sciences, quoiqu'ils ne les connaissent qu'imparfaitement. Peu empressés d'acquérir de la fortune, ils regardent le commerce comme une profession vile, parce qu'ils n'en connaissent pas les avantages ; aussi n'y a-t-il point de nation policée plus pauvre que les Japonais. Les richesses de l'état sont entre les mains des grands; il en passe une partie dans les mains de ceux que l'état emploie; la masse du peuple est misérable ; néanmoins les Japonais aiment leur patrie, chérissent leur prince, respectent leurs magistrats, et sont attachés à leur religion, ce qui ne les empêche pas d'être inquiets, remuans et d'une inconstance que leur mode de gouvernement est seul capable de brider.

Au Japon, chacun sait lire et écrire, chacun connaît les lois qui changent rarement ; les plus importantes sont écrites sur de grands tableaux exposés dans les places publiques. Les Japonais ne le cèdent point aux Européens pour l'intelligence et le soin avec lequel ils cultivent la terre; leurs jardins sont des modèles de propreté, et des prodiges de fécondité. La pêche le long de leurs côtes et de celles des îles voisines est suivie avec beaucoup d'activité. Ils excellent dans la fabrication des étoffes de soie et des toiles de coton, dans celle de la porcelaine et des meubles de laque, dans l'art de polir les métaux. Ils entendent l'exploitation des mines, sont très habiles tourneurs, et leur ébénisterie est poussée à un haut degré de perfection. Ils sont très en arrière des Européens pour les beaux-arts et pour les sciences ; toutefois celles-ci ne leur sont point inconnues, et les connaissances sont plus universellement répandues parmi eux qu'en Europe, où elles sont, pour ainsi dire, réservées à un petit nombre de savans.

Les Japonais n'étudient que l'histoire de la Chine, pays avec lequel ils ont eu de tous temps des relations, et n'ont par conséquent que des idées fort inexactes, des autres pays. La politique du gouvernement s'oppose à ce que la connaissance des mœurs, des usages des nations étrangères se propage parmi les sujets. Mais les membres de ce même gouvernement et les savans s'occupent de tout ce qui concerne l'Europe moderne, et notamment de l'histoire des peuples devenus leurs voisins. Ils s'efforcent d'obtenir, par l'intermédiaire des Chinois et des Hollandais, des renseignemens sur les événemens politiques, et observent leur marche. Les établissemens des Russes en Amérique, et la puissance gigantesque des Anglais dans l'Inde, ne laissent pas que d'inquiéter le gouvernement du Japon.

Les Japonais sont extrêmement polis, mais d'une politesse plus franche, plus naturelle que celle des Chinois. Ceux qui appartiennent à la classe la plus commune ne se querellent et ne s'injurient jamais. S'il s'élève entre eux quelque difficulté, tout se passe avec une modération et une tranquillité admirables.

La langue de ce peuple lui est particulière ; il s'y est introduit successivement des mots chinois, coréens, portugais. Dans les livres, les actes du gouvernement et la correspondance entre les personnes de la haute classe, on fait usage des caractères chinois. Les gens du peuple se servent d'un alphabet composé de quarante-huit lettres ; un certain nombre sont plutôt des syllabes. La prononciation japonaise est extrêmement pénible pour un Européen, et il serait difficile d'étudier leur grammaire, car le gouvernement est tellement ombrageux, que les lois interdisent la faculté d'enseigner la lecture et l'écriture à des étrangers.

LETTRE VII.

EMPIRE DU JAPON. — Les villes de Sanga et de Kokura. — Ile de Niphon. — Port d'Osacka — Méaco. — Pagode impériale. Temples. — L'Ojingava. — La montagne de Fousi. — Le lac de Faconi. — Jédo.

J'ai parcouru ces îles fameuses, semées de villes très peuplées, et où règne une police admirable. On y voit des maisons propres, des jardins rians, des ponts magnifiques, des chemins unis semblables à des promenades, avec des postes réglées comme en France, et des distances marquées qui rappellent les pierres miliaires des Romains. Sur la route sont des hôtelleries charmantes, et partout, jusqu'au milieu des bois, de petits cabarets délicieux où se trouve tout ce qui peut contribuer à la commodité et à l'agrément. Voilà ce qui m'a singulièrement frappé dans notre voyage à Jédo, et principalement les grands chemins.

Ils sont si larges, que deux troupes de voyageurs, quelque nombreuses qu'elles soient, peuvent y passer en même temps sans éprouver le moindre obstacle. Celle qui monte, c'est-à-dire, dans le langage du pays, celle qui va vers Méaco, tient la gauche, celle qui descend, ou qui revient de cette ville, prend la droite. Il y a de chaque côté une rangée d'arbres alignés qui, dans les grandes chaleurs, rendent cette route aussi agréable que commode. On a soin de les border de fossés pour l'écoulement des eaux. Les paysans de chaque district sont chargés de les nettoyer et de les entretenir. Cette sorte de corvée ne leur est point à charge; tout ce qui contribue à salir les chemins tourne à leur utilité. Les branches qui tombent des arbres leur servent de bois de chauffage ; et les immondices sont employés scrupuleusement à engraisser les terres. Dès le commencement de la monarchie, on a reconnu que les grands chemins sont un des premiers besoins d'une province. On a senti que, sans ce secours, le commerce languit, le progrès des arts est retardé ; l'ignorance, les préjugés, la grossièreté, la misère se perpétuent, et qu'une région privée de ce secours est comparable aux déserts de l'Afrique d'où l'on n'ose point sortir, et que l'on craint d'aborder.

Les grandes routes du Japon sont divisées en milles géométriques qui commencent au pont de Jédo, comme centre commun de l'empire. Ainsi, dans quelque lieu que l'on se trouve, on peut savoir à quelle distance on est de la capitale. Les milles sont marqués par de petites buttes placées vis-à-vis l'une de l'autre, avec des arbres plantés au sommet. A l'extrémité de chaque canton, on rencontre un pilier ou une borne qui indique le seigneur à qui le pays appartient, et quelles en sont les limites. Les voies de traverse ont aussi leurs inscriptions, pour guider les passans, et ces routes particulières portent le nom de la province à laquelle elles aboutissent.

Les grands chemins sont continuellement couverts d'une multitude de voyageurs, mêlés de mendians, de pélerins, et de marchands de toute espèce. Les mendians de l'un et de l'autre sexe sont la plupart engagés dans des confréries, ou des ordres religieux. Les uns malades, d'autres sains et vigoureux, demandent l'aumône, en priant, chantant, jouant des instrumens, ou faisant divers tours d'adresse. Cette foule augmente encore par une troupe d'enfans, qui courent à la suite des allans et venans, et leur offrent des fruits, des cordes, des courroies, des cure-dents, et mille bagatelles. On y voit aussi quantité d'hommes à cheval, ayant sur la tête un chapeau de paille, et sur le corps un manteau de papier vernissé qui couvre entièrement le cheval, le bagage et le cavalier. Celui-ci ne touche point à la bride; un valet la tient, marche au côté droit, et chante pour désennuyer lui et son maître.

De poste en poste, il y a des grottes couvertes de feuillages, destinées à servir de retraite aux gens de qualité, les seuls qui aient droit de s'y arrêter. Quand ils vont à la cour, ils marchent avec une pompe extraordinaire. Leur suite est quelquefois si nombreuse, qu'elle occupe un espace de plusieurs lieues, et les plus grandes villes suffisent à peine pour la loger; on la distribue par bandes dans les villages voisins. Quelques semaines avant qu'ils arrivent, ils envoient leurs fourriers dans tous les lieux où ils doivent passer, et l'on y élève de petites planches suspendues à de longues perches, sur lesquelles on marque le temps de leur séjour.

C'est une chose curieuse que le nombre

d'équipages, d'officiers, de pages, de valets qui composent ce cortége. Les uns ont à la main diverses sortes d'instrumens, les autres des armes et de grandes piques garnies de plumes. D'autres portent des malles et des paniers couverts, où est renfermée la partie la plus précieuse des effets du maître. Il est lui-même assis dans un superbe palanquin, porté par quatre, six ou huit hommes richement habillés. Ils sont relevés de temps en temps par d'autres porteurs dont le palanquin est toujours environné. Deux gentilshommes se tiennent à la portière, pour escorter le prince, et le soutenir lorsqu'il monte ou qu'il descend. Un autre tient devant lui un parasol, et tout le monde marche avec un silence et un ordre admirables. A l'exception des valets qui ont des habits de livrée, tous sont vêtus de soie noire. Cette couleur, jointe à la gravité de leur maintien, donne à ce cortége un air majestueux.

Mais quand on entre dans une ville, ou lorsqu'on rencontre un autre prince, chacun prend une allure toute différente. Les gens de livrée, les pages, les portefaix commencent une espèce de danse bouffonne, accompagnée de gestes bizarres, auxquels le préjugé de la nation attache une idée de politesse, et que les étrangers ne pourraient pas voir sans rire de pitié. A chaque pas ces gens jettent un pied en arrière, et le relèvent à la hauteur du dos, qu'ils inclinent, étendant les bras aussi loin qu'ils peuvent, du côté opposé, dans l'attitude d'un homme qui nage; en même temps ils branlent la tête, agitant leurs mains, leurs piques, leurs fardeaux, etc. Qui croirait que toutes ces farces, ces grimaces aient lieu, non pour amuser le peuple, mais pour honorer la marche d'un homme qui va ramper aux pieds d'un despote?

J'ai parlé de postes réglées ; les chevaux y sont taxés, non seulement suivant la distance des lieux, mais encore selon le prix du fourrage, la qualité des chemins, la grosseur des paquets, la pesanteur des malles. Ces postes appartiennent aux seigneurs de chaque district, et les bureaux sont toujours remplis de monde. On y trouve des chevaux, des chaises, des porteurs, des valets de louage, etc. Ces chaises, soutenues par quatre ou huit hommes, sont des caisses carrées un peu oblongues, et assez grandes pour s'y tenir assis ou couché à son aise. Elles sont formées par un treillis de cannes de bambou. A chaque côté est une porte brisée, et une petite fenêtre devant et derrière.

La coutume du pays, quand on voyage, est de porter un éventail, où sont marquées les routes principales, la distance des lieux, les hôtelleries, le prix des vivres, etc. Les auberges sont très nombreuses, surtout dans les endroits où la poste est établie. La France est peut-être le seul pays où il s'en trouve d'aussi vastes, aussi propres et aussi commodes. La plupart ont un jardin et de belles fenêtres avec de simples jalousies qu'on laisse ouvertes pendant le jour. Quand tout le monde est levé, on ôte les paravents qui divisent les chambres, ce qui laisse un passage libre à l'air et à la vue, depuis la rue jusqu'au fond du jardin. Tout est blanchi, vernissé, et tenu avec un soin extrême. Il n'y a pas une de ces hôtelleries qui n'ait des bains, et l'on y est servi comme les seigneurs dans leurs palais.

Malgré la beauté des routes, nous fûmes près d'un mois en marche pour aller de Nangasaqui à Jédo, parce qu'il nous fallut traverser le continent de la grande île de Niphon pour arriver à la capitale. Sans nous écarter de notre chemin, nous aperçûmes trente-trois grandes villes, cinquante-sept petites, et un nombre infini de villages. Nous traversâmes des vallées agréables et fertiles, des campagnes environnées d'arbres qui produisent le thé.

Les habitans font tant de cas de la terre, qu'ils ne donnent à ces arbres que les extrémités de leurs champs.

Le meilleur thé du Japon croît dans les environs de Méaco. C'est là que l'on recueille celui qui se sert à la cour. Les personnes de qualité ne le prennent point par infusion mais en poudre. On réduit les feuilles en une poussière très subtile; on en met une pincée dans une tasse d'eau bouillante, et on la remue jusqu'à ce que la liqueur écume, et devienne comme une bouillie claire dans laquelle les Japonais ne mettent point de sucre. Si cet usage s'introduisait en France, les épiciers mêleraient bientôt quelques ingrédiens étrangers, comme ils le font pour le café et le poivre qu'ils vendent en poudre.

Le thé à l'usage de l'empereur se tire d'une montagne qui n'est plantée que de ces arbres. Un officier en a l'inspection; et plusieurs jardiniers veillent à leur culture, à la récolte, à la préparation des feuilles. La montagne est environnée d'un fossé profond qui en défend l'approche. Chaque jour on les nettoie, et l'on a soin qu'il ne reste aucune ordure sur les feuilles. Ceux qui les cueillent ne mangent jamais de poisson salé, ni de viande forte, de peur que leur haleine n'en corrompe le parfum. Il ne leur est même pas permis de les toucher sans gants, et on les oblige de se baigner plusieurs fois par jour tant que dure le temps de la récolte. Près de ce même lieu où le thé croît en abondance, le riz est infiniment plus beau qu'ailleurs. On en compte de six espèces, dont la meilleure se transporte à Jédo, pour l'usage du souverain.

Nous passâmes par une grande ville nommée *Sanga*. Les rues y sont larges et droites, avec des canaux, des rivières qui les arrosent, et vont se perdre dans la mer. Les maisons sont basses, et les boutiques tendues de noir pour l'ornement. Nous admirâmes la petitesse des femmes de cette province ; elles sont si mignonnes qu'on les prendrait pour de jolies poupées, mais parfaitement faites dans leur taille. Elles paraissent moins des créatures vivantes que des figures de cire ; néanmoins la couleur vermeille de leurs lèvres rend témoignage de leur bonne constitution.

La campagne, dans les environs de Sanga, est une plaine vaste et fertile, coupée par une infinité de rivières. Un grand nombre d'écluses peut mettre sous l'eau, dans les temps secs, toute l'étendue de ce pays. Les terrains plats et unis ne sont pas les seuls qu'on laboure ; on traîne la charrue jusque sur le sommet des montagnes, et si on ne peut y conduire des bœufs, les hommes s'empressent d'y suppléer. L'industrie excitée par le besoin a fait surmonter les plus grands obstacles. Ces insulaires sont devenus riches, et n'ont pas cessé d'être laborieux.

Nous arrivâmes à *Kokura*, située à l'extrémité de l'île de Ximo. C'était autrefois une grande ville où l'on trouve encore quelques restes de magnificence, tels que des jardins, des bains publics, et un pont sur lequel règne, de chaque côté, une balustrade de fer d'un riche travail. On nous fit prendre le chemin de la côte, pour nous embarquer sur de petits bâtimens de passage qui nous transportèrent dans l'île de *Niphon*. Un vent favorable nous mena en quinze jours dans le port d'*Osacka*, d'où nous entrâmes dans de magnifiques barques qui nous conduisirent le long des faubourgs, jusque dans la ville. On nous logea dans des chambres formées, suivant l'usage du pays, par des paravents.

Le lendemain nous fûmes appelés à l'audience du gouverneur. On nous avait fait prendre à tous des manteaux de soie à la japonaise, qu'on regarde ici comme l'habit de cérémonie. Nous traversâmes un passage de trente pas pour arriver à la salle des gardes, où nous fûmes reçus par deux gentilshommes, qui nous firent passer dans une autre pièce, où le gouverneur nous reçut. Dans la conversation, on ne parla que du temps qui alors était froid, de la longueur du voyage, du bonheur d'être admis en la présence de l'empereur, et de la distinction des Hollandais qui, de toutes les nations de l'Europe, sont les seuls à qui cette faveur est accordée.

On est au Japon presque aussi cérémonieux qu'à la Chine. On fait, de part et d'autre, mille façons pour s'aborder, s'asseoir et se quitter. Celui qui rend la visite doit avoir une robe de satin noir sur ses vêtemens. Cette robe est le présent le plus ordinaire du pays, on l'envoie sur un bassin, et c'est la faveur la plus insigne qu'un grand puisse faire à son inférieur. Ce qui nous a paru singulier, c'est qu'on met l'habit de cérémonie pour garder la chambre, et qu'on le quitte quand on sort. Au reste ce n'est pas l'unique usage qui ait fait regarder ces peuples comme nos antipodes moraux ; ils prennent le blanc pour la couleur du deuil, le noir pour celle de la joie, montent à cheval à droite, saluent du pied, etc.

Nous visitâmes le château d'*Osacka*, et les différens quartiers de cette grande ville. Elle est située dans une plaine fertile, sur les bords d'une rivière navigable, et occupe un espace long de quatre mille pas, et large de deux mille. Divers petits canaux traversent les principales rues, et sont assez profonds pour recevoir les barques qui apportent les marchandises et toutes les commodités de la vie devant les maisons des habitans. On ne peut qu'admirer la régularité de cette multitude de canaux, sur lesquels il y a de magnifiques ponts. Les bords de la rivière sont revêtus, de côté et d'autre, de marches de pierre disposées par étages, qui forment comme des escaliers au moyen desquels on peut prendre terre partout. Les rues étroites, mais alignées, n'ont d'autre pavé qu'un petit chemin de pierre de taille le long des maisons pour la commodité des gens de pied. L'extrémité de chaque rue est fermée par de bonnes portes, et ces mêmes rues offrent, dans un lieu entouré de balustrades, tous les instrumens nécessaires pour arrêter les incendies, qui sont très fréquens dans ce pays.

Le château d'Osacka ne connait, dans tout l'empire, que celui de Fingo, qui le surpasse en force, en étendue et en magnificence. Sa forme est carrée, et il a plus d'une lieue de circuit. Le prince y entretient constamment une garnison ; et deux des premiers seigneurs de la cour y commandent successivement, pendant l'espace de trois années. Lorsque l'un d'eux y commence ses fonctions, l'autre doit en sortir pour aller rendre compte de sa conduite. Ils ne peuvent pas se voir dans cet échange. Celui qui part laisse par écrit, dans son appartement, ses instructions à celui qui arrive. Ils n'ont rien à démêler avec les gouverneurs de la ville, auxquels ils sont supérieurs par le rang.

Osacka paraît être prodigieusement peuplée; les Japonais prétendent qu'on y pourrait lever une armée de quatre-vingt mille hommes composée de ses seuls habitans. Sa situation, également avantageuse pour le commerce par terre et par eau, en fait la ville la plus marchande de l'empire. Elle est remplie de riches négocians, d'artisans et d'ouvriers. Les vivres y sont abondans, ainsi que tout ce qui peut servir au luxe, à la volupté, à l'aisance. Le peuple y est fort adonné à la musique, aux fêtes, aux spectacles et aux divertissemens. Aussi ces insulaires la nomment-ils *le théâtre des plaisirs*. Toutes les heures y sont annoncées par le son de divers intrumens, et chaque heure a son instrument particulier qui la distingue.

On se rend à Osacka de toutes les provinces de l'empire, pour y dépenser son superflu. Les seigneurs y ont des hôtels quoiqu'il ne leur soit pas permis de s'y arrêter plus d'une nuit. Un d'eux y régala le directeur de la compagnie hollandaise. C'était un repas de cérémonie. Chaque convive y a sa table particulière; ces tables sont basses et étroites, et l'on est assis sur les talons. On ne les couvre ni de nappes ni de tapis, mais on les renouvelle à chaque service. Elles sont proprement vernissées, et entretenues avec tant de soin qu'on n'y remarque pas la moindre tache. Il n'est point de peuple qui se pique d'une plus grande propreté dans ses repas. Les assiettes et les plats sont ornés de rubans ou de fleurs, et on ne sert pas un oiseau ou une volaille, qui n'ait les pattes et le bec dorés.

L'aliment le plus ordinaire est le riz; il y est plus nourrissant, plus délicat que dans la plupart des autres contrées de l'Orient. On le laisse épaissir au feu, et l'on en compose une pâte qu'on mange au lieu de pain. Les autres mets sont le poisson et principalement la chair de baleine, les huîtres et d'autres coquillages, et toutes sortes de plantes et de racines sauvages, tirées des bois, des rochers, des marais, des lieux stériles et incultes, et du fond même de la mer. On les fait cuire dans l'eau avec un peu de sel; on y ajoute une sauce, ou une espèce de bouillie faite de farine de fèves, où l'on mêle un peu de saki, espèce de bierre de riz fermenté, qui est la liqueur la plus commune au Japon. Il y en a une autre composée de jus de prunes, d'un goût agréable, mais d'un usage moins ordinaire. Le vinaigre, le beurre, le safran, n'entrent point dans les ragoûts japonais; on les assaisonne de graisse de baleine ou d'huile de noix qu'on préfère à l'huile d'olive. On fait aussi des gâteaux de froment mêlé avec de la farine de fèves noires, et d'autres pâtes coupées par tranches comme le macaroni. Enfin les tables sont abondamment pourvues de sucreries. Ce peuple boit beaucoup de thé, et jamais de lait, qu'il regarde comme du sang cru.

La musique accompagne ordinairement ces sortes de repas, je veux dire ceux de cérémonie. Mais la gaîté en est bannie par l'observation de l'étiquette qui y occupe tristement les convives. Il diffère peu de celui de la Chine, mais les Japonais y mettent moins de gravité et plus d'aisance. Au sortir de table, on prend du thé, on chante, on se propose des énigmes, et ces amusemens qui exercent l'esprit tiennent lieu de nos cartes dont l'usage est ignoré dans ce pays. On n'y souffre point les jeux de hasard, ils passent dans l'esprit de ce peuple pour un trafic honteux, sordide, et une occupation indigne des gens d'honneur. Comment se fait-il qu'en France le gouvernement les autorise, les afferme, en tire un produit, malgré les exemples fréquens, qu'il a sous les yeux, de familles ruinées, de suicides, de crimes de toutes espèces, résultant de la passion incurable du jeu.

Les pièces de théâtre, les chants, les danses, sont des spectacles dont la nation est fort avide. Loin de les condamner, la religion du pays les autorise et les consacre. Ces divertissemens font même partie des fêtes que l'on célèbre en l'honneur des divinités ; mais au Japon, comme ailleurs, les mœurs dépravées des comédiens déshonorent cette profession. Comme les spectacles se donnent aux grandes fêtes, les prêtres occupent toujours les premiers rangs. Vis-à-vis du clergé sont assis les gouverneurs, leurs officiers et leurs gardes. Ceux-ci sont chargés de faire ranger le bas peuple.

Nous partîmes d'Osacka pour nous rendre à *Méaco*, qui n'en est éloignée que de treize lieues. Nous fîmes la première journée environnés de champs de riz fort humides sur une chaussée basse, qui règne le long d'une rivière. Elle est plantée d'une double rangée d'arbres qui s'élèvent à la hauteur de nos chênes, et dont les branches sont chargées d'un fruit jaune qui fournit d'assez bonne huile. Ce pays est extraordinairement peuplé. Les villages sont si nombreux et se suivent de si près qu'ils forment comme une rue jusqu'à Méaco. Nous couchâmes à Jodo, petite ville célèbre par la beauté de ses eaux et de ses édifices. Son faubourg est une longue rue, par laquelle on arrive à un pont magnifique soutenu par quarante arches, avec des balustrades ornées de boules de cuivre. Au milieu de la rivière est un château bâti de briques, qui forme un spectacle superbe par l'élévation et la grandeur de ses tours.

Le lendemain nous aperçûmes *Méaco*, où nous arrivâmes par une grande rue que nous suivîmes pendant plus d'une heure avant de gagner le logis qui nous était destiné. C'était le premier du mois, jour que les Japonais célèbrent par des visites, des promenades et d'autres divertissemens. Nous rencontrâmes une foule d'habitans de l'un et de l'autre sexe. Les femmes étaient assez bien mises. Leurs robes se distinguaient par diverses couleurs ; elles avaient un voile de soie sur le front, et un grand chapeau de paille pour se garantir du soleil. On voyait aussi des mendians vêtus d'une manière grotesque, et masqués ridiculement : les uns marchaient sur des échasses, les autres portaient sur leurs têtes des pots de fleurs, d'autres chantaient, sifflaient, jouaient de divers instrumens, tandis que des farceurs divertissaient la populace par des bouffonneries. Les temples étaient éclairés d'une infinité de lampes, et les prêtres, battant les cloches avec un marteau de fer, faisaient un carillon qui étourdissait les passans.

Méaco est appelée, comme l'ancienne Rome, la ville par excellence, parce qu'étant la demeure du souverain pontife on la regarde comme la métropole de l'empire. Elle est située au milieu d'une grande plaine, et son étendue est d'environ une lieue. Les hauteurs qui l'environnent, et les rivières qui l'arrosent, rendent sa situation très agréable. On aperçoit sur le penchant des collines une multitude infinie de monastères et de chapelles, dont le nombre monte, dit-on, à plus de six mille. Le palais du dairi, qui comprend seul dix ou douze rues, est séparé de la ville par une enceinte de fossés et de murailles. On distingue le logement du prince par la hauteur et la magnificence de ses tours : à quelque distance sont les appartemens des femmes et des principaux officiers. Le reste consiste dans un grand nombre d'habitations particulières. A une autre extrémité, est un château et des logemens pour le monarque séculier, lorsqu'il vient visiter son collègue. Les rues de la ville sont étroites, mais alignées, et d'une longueur extraordinaire; les maisons sont basses comme toutes celles du Japon, et la part bâties en bois et en argile, avec un réservoir d'eau en cas d'incendie.

Méaco est le magasin général des manufactures, le centre du commerce, et le dépôt de toutes les marchandises du royaume. On y bat la monnaie, on y raffine le cuivre, on y imprime des livres, on y fabrique les plus riches étoffes. Les meilleures teintures, les ciselures les plus parfaites, toutes sortes d'instrumens de musique, les belles peintures, les riches cabinets, les vernis précieux, les ouvrages en or, en argent, en acier, les lames de la meilleure trempe, les habits les plus magnifiques, se font dans cette capitale. On n'y peut rien porter de l'étranger que les artistes du pays ne soient capables d'imiter.

On y compte plus de six cent mille habitans, parmi lesquels il y a au moins cent mille prêtres. C'est dans les environs de cette ville sainte que se voient les plus beaux temples du Japon. Ils sont construits sur des éminences, dans une situation riante et commode. La loi ordonne qu'on les bâtisse sur un terrain pur, et loin des lieux exposés aux immondices; bien différens de la plus part des nôtres qui sont placés dans des quartiers bourbeux, ou comme la cathédrale de Paris, dans le voisinage d'un hôpital.

Ces peuples n'ont rien de plus à cœur que la magnificence de leurs temples; ils savent surtout joindre à une grande simplicité beaucoup de graces et de noblesse. Le bois et la pierre y sont maniés avec tant d'art, qu'on ne peut voir ces édifices sans une sorte d'admiration. On y arrive par des allées spacieuses, plantées d'un double rang de cèdres, couvertes d'un sable pur, et bordées des deux côtés par de hautes maisons pour les officiers employés au service des pagodes. Vers le milieu de l'avenue le terrain s'élève insensiblement, et se termine par un grand escalier de pierre. On traverse ensuite plusieurs portiques, bâtis sur des terrasses environnées de balustrades, ou de piliers isolés qui soutiennent de riches lanternes. On en compte quelquefois jusqu'à cinquante aux environs d'un seul temple, et on les allume toutes les nuits. On lit en lettres d'or, sur chaque pilier, les noms de ceux qui les ont fondés. L'intérieur de l'édifice est, à proportion, de la même magnificence : la dorure et le vernis y brillent avec éclat. Des colonnes de cèdre, d'une hauteur prodigieuse, soutiennent les bâtimens : les murs sont peints, vernissés et polis comme une glace. Rien n'approche de la beauté de leurs toits qui sont dorés ou revêtus d'un riche vernis.

Ce qu'on appelle la *pagode impériale*, est un temple superbe destiné à recevoir le cubo, lorsque sa dévotion l'y amène. On y monte par un grand escalier qui conduit à un édifice plus majestueux que le palais du dairi. Au milieu de la salle, qui est fort vaste, on voit une grande idole, environnée d'autres plus petites, et de divers ornemens. Les deux côtés de cette salle offrent plusieurs chapelles avec de petits appartemens particuliers, pour servir de logement à l'empereur. Ils sont élevés au-dessus de la grande pièce, et les portes donnent passage à la vue sur les chapelles.

Près de ces appartemens, on trouve un jardin où l'art a réuni tous les agrémens. Plusieurs plantes rares, entrelacées de pierres curieuses, embellissent les compartimens du parterre; mais rien n'est plus agréable à la vue qu'un rang de petites collines, formées à l'imitation de la nature, et couvertes des plus belles fleurs du pays. Un clair ruisseau les traverse avec un délicieux murmure; et d'espace en espace, il est couvert de petits ponts qui servent à la fois d'embellissement, et de communication pour toutes les parties du jardin.

Les temples du Japon diffèrent entre

eux, pour l'étendue et l'architecture, selon la dignité et le rang des dieux qu'on y adore. Ils ressemblent en général à ceux de la Chine, c'est-à-dire que la plupart ont une grande tour, terminée en dôme, bâtie sur un massif de briques, haut de dix à douze pieds, et assez large pour former une terrasse. Les toits sont en saillie et à pans retroussés. Une grande salle sans fenêtres sert de temple, et ne tire le jour que de ses portes. On y voit une infinité de niches creusées dans l'épaisseur des murs et remplies de statues. Au milieu est un autel isolé, très riche pour l'ordinaire, sur lequel sont placées plusieurs idoles d'une figure monstrueuse. Devant la principale idole est un grand chandelier à plusieurs branches où l'on allume des bougies parfumées qui répandent une odeur agréable.

Dans le voisinage des temples les plus fréquentés, il y a ordinairement de superbes monastères de bonzes. Ces bâtimens sont très vastes, et renferment quelquefois jusqu'à deux cents cellules, sans compter les autres pièces destinées aux usages du couvent, telles que les réfectoires, les salles de bain, les cuisines, les bibliothèques, etc. On y voit des jardins, des fontaines, des bois, des vergers, des promenades ; en un mot, tout ce qui peut procurer le plaisir et les commodités de la vie à des gens qui font profession de renoncer à ses jouissances.

Les temples dont je viens de parler, sont consacrés aux divinités étrangères; les anciens dieux du pays n'ont pour ainsi dire que de simples chapelles. Ce sont de petits édifices carrés et bâtis de bois, dont la hauteur n'excède pas quinze à seize pieds. Il règne autour une petite galerie où l'on monte par quelques degrés. Ces chapelles n'ont point de portes, mais seulement deux fenêtres pratiquées dans la façade, et assez basses pour qu'on puisse découvrir l'intérieur. C'est là que se prosternent ceux qui viennent faire leurs dévotions. Ils n'entrent point dans la pagode. C'est du dehors qu'ils adressent leurs prières à la divinité, en regardant l'intérieur du temple par une grille.

Au milieu de l'église est un grand miroir, pour apprendre que les souillures de l'ame paraissent aux yeux de la divinité, comme les taches du visage s'aperçoivent dans cette glace. Dans les jours de dévotion, les prêtres, assis à côté d'un vestibule qui précède la chapelle, reçoivent les offrandes du peuple. Les autres jours, on met son aumône dans un tronc, et les dévots sonnent une cloche pour avertir le dieu de leur arrivée.

Outre cette quantité innombrable d'édifices religieux bâtis dans toutes les provinces de l'empire, les carrefours, les ponts, les grands chemins, sont encore honorés de la présence de quelques idoles. On en trouve surtout aux environs des temples et des monastères. Leurs images se vendent au peuple qui les colle sur les murs de sa maison, comme nos paysans de France y collent les images représentant la bonne Vierge, Jésus-Christ mourant sur la croix, les saints apôtres, etc.

Les différentes professions ont, au Japon, leurs dieux particuliers, comme chez nous les corps de métiers ont des patrons parmi les saints qui daignent se mêler de leurs affaires. Celui des pêcheurs japonais est représenté sur un rocher, au milieu de la mer, une ligne dans une main, un poisson dans l'autre. Les marchands reconnaissent pour leur protecteur le dieu dispensateur des richesses et de l'abondance. Il est assis sur une balle de riz, et partout où il frappe avec un marteau, il en sort des trésors, des habits, des vivres, etc. Tel est l'excès de la faiblesse humaine, qu'elle cherche un appui dans des êtres imaginaires!

Les bêtes, et surtout les singes, sont aussi un objet de culte, et ont des autels et des temples. Les peuples croient justifier leurs adorations, en disant que les corps de ces animaux, si semblables aux hommes, logent des ames humaines et principalement celles des héros qui sont les dieux du pays. Si les cerfs ne reçoivent pas les mêmes hommages, ils sont du moins si respectés qu'il y va de la perte des biens ou de la vie de quiconque serait convaincu d'en avoir tué. En général, on a tant d'égard pour les animaux, que l'on cultive près des monastères, de petits bois qui leur sont uniquement destinés, et où les bonzes leur portent à manger. Le moine chargé de leur entretien, les appelle au son d'une cloche, et les renvoie de même, quand ils ont pris leur nourriture,

On voit ici à peu près les mêmes animaux domestiques qu'en Europe, des chevaux, des taureaux, des cochons, des chiens, des chats, etc.; mais la plupart sont sauvages par le peu de soin qu'on prend de les apprivoiser ; les moutons mêmes habitent les forêts et les montagnes, parce qu'on ignore l'utilité de leur laine, et que la métempsychose empêche qu'on ne les tue.

Il est peu d'endroits dans cette contrée qui ne soient renommés par quelques productions particulières ; mais ce qui distingue principalement le territoire de Méaco, c'est une poudre d'une vertu admirable contre toutes sortes de maladies. Un pauvre habitant qui passe pour l'inventeur de ce remède, publia qu'un dieu s'était montré à lui dans un songe, et lui indiquant différentes plantes, lui avait ordonné d'en faire usage pour le soulagement de ses compatriotes. Cette histoire mit le remède en honneur, et l'auteur fit en peu de temps une fortune immense. La France n'est donc pas le seul pays où les imposteurs s'enrichissent ; mais ce que n'imitent pas nos plus riches charlatans, c'est la reconnaissance de l'empirique japonais qui fit élever un temple à la gloire du dieu qui l'avait enrichi. Ses descendans qui ont continué le même commerce, ne se sont pas moins distingués par leurs richesses et par leurs fondations ; et les peuples n'ont pas cessé d'être la dupe du penchant qu'ont les hommes pour le merveilleux.

Nous ne restâmes que quelques jours à *Kwana*, grande ville de la province d'*Owari*. Il venait d'y arriver une troupe de femmes pour y jouer la comédie, à peu près comme nos acteurs ambulans qui courent de ville en ville, pour le divertissement des provinces. Ces actrices dépendent d'un seul homme dont elles sont les esclaves, mais elles ont la permission de faire trafic de leurs charmes. Leur état est regardé comme infâme, ce qui n'empêche pas qu'elles vivent dans les meilleures compagnies. Elles servent de maîtresses aux seigneurs du Japon qui, comme les nôtres, les préfèrent à d'honnêtes femmes. Mais lorsqu'elles meurent, on les prive de la sépulture, comme autrefois, en France on excommuniait les comédiens.

Ce qui s'offrit à nous de plus remarquable sur notre route, est le grand et fameux fleuve d'Ojingawa, la montagne de Fousi, et le célèbre lac de Fakoni. L'Ojingawa coule avec tant de rapidité, qu'il est impossible de le traverser sans le secours de plusieurs hommes. La montagne de Fousi est une des plus hautes du globe terrestre. On compte six lieues depuis le pied jusqu'au sommet qui se termine en pointe, et elle est couverte de neige pendant presque toute l'année. Ce séjour aérien est habité par des prêtres consacrés au culte de l'Éole japonais, et les écrivains de la nation font aussi souvent allusion à cette montagne et au fleuve d'Ojingawa, que nos auteurs sacrés parlent du Jourdain et du Mont Liban ; ou nos poètes, de l'Hélicon et du Permesse.

Le lac de Fakoni est le purgatoire des enfans qui meurent avant l'âge de sept ans. On croit qu'ils sont tourmentés jusqu'à ce que les libéralités des bonnes ames aient obtenu leur délivrance. Les bords du lac sont garnis de petites chapelles où les prêtres reçoivent les aumônes des voyageurs. On nous montra, dans une de ces chapelles, diverses antiquités qui sont comme les reliques des saints du pays. Nous vîmes les sabres des anciens héros de la nation, le peigne de Jéritimo, premier monarque séculier de cet empire, la cloche de Kobidais, fondateur d'une secte célèbre, une lettre écrite de la main d'un ancien dieu du pays, etc.; toutes choses qui nous rappellent les reliques de saint Pierre et de saint Paul; la chemise de la sainte Vierge, le trésor de saint Denis et les cabinets de nos antiquaires.

Non loin du lac est la ville d'*Odowara* où l'on prépare le cachou parfumé. C'est un sucre épaissi que les Hollandais et les

Chinois portent au Japon, et dont les habitans font des pillules, et de petites idoles. Ils y mêlent de l'ambre, du camphre et d'autres ingrédiens, et ainsi préparé, on le transporte dans d'autres pays. Ce sont les femmes qui en font la plus grande consommation, persuadées qu'il affermit les gencives et rend l'haleine douce et agréable.

Je puis me dispenser de parler de tous les lieux qui se sont offerts sur notre route jusqu'à Jédo, il suffira d'en donner une idée générale. La plupart des villes n'ont ni remparts ni murailles; elles sont même très rarement environnées de fossés ou de haies. Les rues communément assez régulières s'étendent en droite ligne, et se coupent à angles droits. Elles ont à chaque extrémité une porte qui se ferme toutes les nuits, et même pendant le jour en cas d'émeute.

Les bourgs et les villages sont si fréquens et si considérables, surtout dans l'île de Nipon, qu'ils occupent presque tout l'espace d'une ville à l'autre ; mais ils n'ont qu'une seule rue, en sorte que la plupart des grandes routes sont bordées de maisons des deux côtés, parce que les habitans gagnent leur vie à vendre des provisions aux voyageurs. Aussi y a-t-il plus de marchands et de voituriers dans les villages que de paysans. Ces derniers restent dans les hameaux, ou au milieu de la campagne; et leurs maisons ressemblent plutôt à des étables d'animaux qu'à des habitations humaines.

Les châteaux des nobles, bâtis près d'une rivière ou sur une éminence, sont entourés de trois enceintes de murailles défendues par autant de fossés. Dans celle du milieu est le bâtiment où le maître fait sa demeure. Dans la seconde sont placés les logemens des gentilshommes, des secrétaires, intendans et autres officiers. Dans la troisième, celui des soldats, et des gens attachés au service du prince.

Hors du château est une grande esplanade pour le rendez-vous et l'exercice des troupes, s'il y en a. Les espaces vides qui se trouvent entre les différentes enceintes sont pour les jardins dont la forme est singulière. Leur plan est carré, et ils sont en général fort petits. La terre est couverte de gravier et de pierres rondes de diverses couleurs. Il y a quelques compartimens de fleurs plantées pêle-mêle avec une confusion apparente, qui ne laisse pas d'avoir son agrément.

En entrant dans un des faubourgs de Jédo, le lieu où l'on exécute les criminels nous présenta un spectacle horrible; c'était une multitude de têtes humaines et de cadavres : les uns à moitié pourris, les autres à demi dévorés, avec un grand nombre de chiens, de corbeaux et d'autres animaux carnassiers, qui se repaissaient de ces effroyables restes. Ce faubourg est une rue longue et irrégulière qui a la mer à droite, et à gauche une colline sur laquelle on découvre quelques beaux temples. La vue du port, rempli d'une multitude de bâtimens de toutes sortes de grandeurs et de figures présente une des plus belles perspectives du monde. Ce spectacle agréable nous retint assez long-temps; cependant nous le quittâmes pour entrer dans Jédo, où nous vîmes le beau pont qui est, comme je l'ai dit, le centre commun d'où l'on mesure la distance des lieux dans toute l'étendue du royaume. Notre admiration fut particulièrement excitée par la foule incroyable du peuple, par le train des princes et des grands, et par la riche parure des dames qui passent continuellement dans des palanquins.

Jédo est sans contredit la plus grande ville de l'empire; la multitudes des habitans est à peine croyable. Les Japonais en font monter le nombre à dix millions. Ils prétendent aussi que la ville a sept lieues de long, cinq de large et vingt-quatre de circonférence. Il y sans doute de l'éxagération dans ce calcul, mais si l'on considère que les maisons n'ont qu'un étage, elles doivent employer plus de terrain, qu'une ville qui, comme Paris, a des bâtimens dont la plupart ont six à sept étages. Jédo est située à l'extrémité d'un golfe, et le côté qui regarde la mer a la figure d'un croissant. Elle n'est point entourée de murailles, mais de plusieurs fossés avec de hauts boulevards plantés d'arbres. Une grande rivière la traverse, et se divise en cinq bras qui vont se jeter dans le golfe.

Cette capitale n'est point bâtie avec la même régularité que les autres villes du Japon, parce quelle n'est arrivée que par degré à cette grandeur excessive. Cependant on trouve dans plusieurs quartiers de belles rues disposées avec symétrie. Elle doit cet embellissement aux incendies qui y sont très fréquens, parce que les maisons y sont de bois. Les cubos, qui en ont fait le siége de l'empire, l'ont ornée de plusieurs beaux édifices. Leur palais, d'une forme irrégulière, est bâti dans le centre de la ville ; on lui donne cinq lieues de tour, et cet espace renferme une prodigieuse quantité de rues, de fossés, de canaux, de cours et de jardins. Cette immense étendue est coupée par trois enceintes. Celle du milieu contient le logement du souverain, construit dans un lieu élevé, et entouré de fortes murailles flanquées de bastions. La plupart des bâtimens n'ont qu'un étage, mais fort exhaussé. Ils consistent en un grand nombre de galeries et d'appartemens dont les principaux ont un nom particulier. La décoration intérieure est simple mais élégante. Ce sont des boiseries vernissées avec des feuillages dorés et des peintures en bas-relifs. Le parquet est couvert de nattes blanches couvertes de franges d'or.

Les princes de l'empire ont leurs palais dans l'enceinte la plus éloignée de celui du monarque. Entre eux et le souverain, habitent les ministres et les officiers de la couronne. Il y a peu de différence pour l'ameublement, entre l'appartement de l'empereur et celui de ces princes. C'est toujours du vernis et des ornemens de sculpture ou de peinture, conformément au goût du pays. Outre le palais impérial, il y en a une multitude d'autres distribués dans les différens quartiers de la ville. Figurez-vous une infinité de châteaux disposés au milieu d'un amas de villages, c'est l'idée la plus juste que l'on puisse avoir de la capitale du Japon. Ce que j'y trouvais de plus agréable, c'est que nous n'étions pas renfermés tous les soirs dans nos maisons comme à Nangasaqui. Au fond, il serait assez déraisonnable que, dans la capitale d'un grand empire, on eût les mêmes inquiétudes, et que l'on prît les mêmes précautions que dans une ville frontière. Celles que l'on prend dans les provinces, nous disait un Japonais, sont moins une suite de la défiance du gouvernement, que d'une police rigoureuse qui, en rassurant l'autorité, réduit les sujets à une espèce d'esclavage.

En effet dans les lieux même où il n'habite que des naturels du pays, sur la moindre alarme, bien ou mal fondée, on barricade les rues, et chacun se trouve enfermé dans sa maison. Par une suite de cette même vigilance, les habitans qui veulent changer de logement sont assujétis à diverses formalités très gênantes. Il faut d'abord présenter au commissaire de la rue où l'on va demeurer, une requête accompagnée d'un petit présent. Il recherche la conduite et les mœurs du requérant, et si les informations sont favorables, il envoie chez tous les habitans de la rue, pour savoir s'ils veulent bien agréer le nouveau venu. Si la demande est reçue, le commissaire le prend sous sa protection, et l'agrége parmi les bourgeois de son district. Le nouvel arrivé paie sa bien-venue, en donnant un repas aux personnes les plus notables.

On ne peut acquérir une maison sans le consentement des habitans de la rue où elle est située ; il faut être connu des autres propriétaires. Comme ils répondent tous solidairement des désordres qui se commettent dans le quartier, ils sont intéressés personnellement à n'admettre dans leur voisinage que des personnes d'une conduite irréprochable.

Les Japonais comparent leurs lois à une colonne de fer, que ni les intempéries de l'air, ni les tempêtes, ni le temps ne peuvent anéantir ni même ébranler. Le gouvernement sent très bien leur défaut qui consiste surtout dans l'excessive rigueur des châtimens ; mais il redoute d'y apporter le moindre changement, pour ne pas rendre les anciens usages méprisables aux yeux du peuple, et ne pas l'habituer ainsi aux nouveautés. Les lois civiles sont beaucoup plus sages : les affaires litigieuses sont assez généralement décidées par des arbitres que nomment les parties, et elles ne sont portées devant les tribunaux qu'après avoir tenté toutes les voies d'accommodement, et alors elles sont très promptement jugées. Comme chez toutes les nations de l'Orient, ils ont une justice très expéditive. L'affaire est portée sans délai devant le juge, les parties sont entendues, les témoins interrogés, les circonstances pesées et le jugement prononcé. Cette méthode n'est pas sans inconvéniens, sans doute; je la crois pourtant moins préjudiciable aux plaideurs que les longueurs éternelles de nos procédures.

Le peu de rapport que les Japonais ont avec les autres peuples du monde, m'a fait désirer de connaître leurs propres ressources, et porter une attention particulière aux productions du pays. On y trouve comme en Chine l'arbre au papier, l'arbre au vernis, mais ceux-ci ont des différences remarquables. L'arbre au papier est une espèce de murier, dont l'écorce sert à faire des cordes, des mêches, des étoffes. Sa racine est forte, branchue et ligneuse; son tronc droit et uni, ses branches grosses et couvertes d'un feuillage épais. Il produit des fruits environnés de poils, pourprés et d'un goût fade. Cet arbre s'élève et croît avec une vitesse surprenante, et en plantant dans la terre ses jeunes rejetons ils y prennent bientôt racine.

Chaque année, après la chute des feuilles, on coupe les nouvelles branches de la longueur de trois pieds; on les assemble en faisceau; on les laisse tremper vingt-quatre heures dans l'eau froide, et ensuite on les fait bouillir dans une lessive de cendres, on les retire du feu, et dès qu'elles sont refroidies, on les fend dans toute leur longueur, pour en ôter l'écorce, qui est la seule matière dont on fait le papier. On la nettoie avec soin, on en racle la première peau, on en sépare toutes les parties noueuses et grossières que l'on met à part pour le gros papier. Quand cette écorce est bien nettoyée, on la fait bouillir dans une lessive claire, et on la remue continuellement en y versant de temps en temps de cette même lessive. Après que cette matière a cuit jusqu'à la consistance d'une bouillie molle, on la laisse refroidir, on la met dans un vase, et on la pétrit continuellement avec les mains. Cette pâte suffisamment lavée, s'étend sur une table de bois unie; deux ou trois hommes la battent avec des bâtons; on la met ensuite dans une cuve, en y mettant une infusion gluante faite de riz et d'une racine visqueuse. On remue le tout avec un roseau jusqu'à ce qu'il en résulte une substance liquide dont on fabrique le papier. Il est très fort, d'une grande blancheur, et beaucoup plus moëlleux que le nôtre. On vend au Japon des papiers peints pliés en grandes feuilles que l'on prendrait pour des étoffes de soie.

L'arbre au vernis, au moyen d'une incision que l'on y fait, distille une gomme blanchâtre, qu'on reçoit sur une feuille très mince; on la presse ensuite avec la main pour faire couler, par ses pores déliés, la matière la plus pure. On mêle dans cette liqueur quelques gouttes d'une huile particulière, et l'on verse le tout dans des vases de bois, où ce vernis se conserve parfaitement. Les Japonais l'appliquent indifféremment sur les meubles et sur la vaisselle.

Le sapin et le cyprès sont les arbres les plus communs de cette contrée. On en construit les maisons et les vaisseaux ; on en fait des coffres, des boîtes, des cuves et toute sorte d'ustensiles. Les branches servent de bois de chauffage. Il n'est permis à personne de couper un arbre sans la permission du magistrat, et ceux même à qui elle est accordée, doivent toujours en planter un jeune à la place de l'ancien. La verdure perpétuelle du sapin lui attire un respect qui va jusqu'à lui attribuer de l'influence sur le bonheur de la vie humaine. On en orne les temples et les pagodes, et les orateurs ainsi que les poètes font de fréquentes allusions aux propriétés de cet arbre chéri et révéré.

Situé sous un ciel peu favorable, le Japon serait peut-être le pays le plus misérable de l'Asie, si l'industrie des habitans ne suppléait à la stérilité du terroir. Le besoin, toujours actif, leur a fait trouver mille ressources inconnues aux autres peuples. Ils mettent à profit jusqu'aux productions incultes qui naissent sur les rochers, parmi les sables, et jusque dans le sein des eaux. De toutes les plantes molles qui viennent au fond de la mer, il n'en est presque pas une dont ils ne se nourrissent. Ce sont les femmes des pêcheurs qui les préparent et qui les vendent. Elles savent relever par l'assaisonnement, ces alimens communs, et donner du goût aux choses les plus insipides. Elles ont trouvé le moyen de faire des gâteaux excellens avec de la mousse qui vient sur des coquillages aux environs de Jédo.

Le peu de commerce qu'ils ont avec les étrangers, met les Japonais dans la nécessité de pourvoir à leurs besoins par leur propre travail. Les grains qu'ils cultivent particulièrement sont le riz, l'orge, le froment et différentes sortes de fèves. Le riz y est supérieur à celui des Indes; on le fait bouillir, et on le réduit en pâte qui tient lieu de pain. L'orge est la principale nourriture du bétail et des chevaux. On en fait aussi des gâteaux qui ne sont pas à dédaigner. Le froment est le grain le moins estimé; les fèves sont, après le riz, l'aliment dont ces insulaires font le plus d'usage. Les raves croissent facilement et sont d'une grosseur extraordinaire. C'est une des productions qui fournissent le plus à la subsistance des habitans : on les mange crues, bouillies, ou confites au vinaigre.

Outre nos légumes qui viennent très

bien au Japon, il y en a une infinité d'autres propres au pays, qui croissent sans soin et sans culture. Pour fertiliser leurs terres, ces peuples ont toujours un grand amas de fiente et de toutes sortes d'immondices; ils y joignent les cendres de vieilles nippes brûlées et de coquillages d'huîtres. Ce mélange forme un excellent engrais. Il ne manque à ces insulaires, après avoir conçu la nécessité de l'agriculture, que de l'avoir ennoblie; mais ici, comme dans la plupart des pays policés, on a moins attaché la noblesse aux exercices utiles, qu'à ceux qui favorisent les passions. La soie du Japon est grossière, et l'on n'en fabrique que des étoffes communes. Les figuiers y sont d'une si prodigieuse fécondité, que les pauvres gens y trouvent une nourriture abondante; les châtaignes sont plus grosses et meilleures que les nôtres. On ne connait point les pommiers, et il ne croît qu'une seule espèce de poires qui sont d'une grosseur extraordinaire, et qu'on mange cuites. On voit beaucoup de noyers dans les provinces septentrionales; mais on ne fait usage des noix que lorsqu'elles sont sèches. On en tire une huile excellente, presque aussi agréable que l'huile d'amande douce. Le raisin y croît difficilement, mais il y a beaucoup d'oranges et de citrons. Tous les fruits rouges y sont insipides, ainsi que les fruits à noyaux. Les fleurs surpassent les nôtres par la beauté des couleurs, mais elles manquent de parfum. Il en est de même de la plupart des fruits qui sont agréables à l'œil, et n'ont ni qualité ni saveur.

Ce pays est si peuplé, si cultivé, que les animaux sauvages trouvent peu de lieux déserts où ils puissent vivre et multiplier en liberté. Aussi ne voit-on ni tigres, ni léopards, ni autre animal carnassier. Les daims, les sangliers, les ours et les renards sont presque les seuls habitans des forêts. A l'égard des espèces domestiques, comme les Japonais n'en mangent ni la chair ni le lait, ils n'en élèvent qu'un petit nombre, tels que les bœufs et les chevaux, destinés à la culture des terres, au tirage des voitures, et au service de l'homme.

La mer, dont le Japon est environné, fournit à ses habitans une nourriture abondante par la quantité de poissons qu'elle renferme dans son sein, et le nombre infini de coquillages qu'elle jette sur ses bords. On y pêche aussi des baleines de différentes grandeurs, et il n'est point de partie dans cet animal dont on ne tire quelque utilité. Sa peau, sa chair et ses intestins se mangent froids, ou se conservent dans le sel. Sa graisse fondue donne de l'huile; on tire de ses os une substance cartilagineuse, dont quelques personnes se nourrissent, ou bien on les sèche au soleil, pour en faire du feu. Les nerfs et les tendrons servent de cordes pour les manufactures, et les instrumens de musique; les nageoires et les moustaches s'emploient à une infinité d'autres usages.

Sans vouloir imiter ces voyageurs qui n'offrent que le récit fastidieux des jours de pluie et de beau temps qu'ils ont eus pendant leur route, je ne puis passer sous silence les orages affreux, les tonnerres, les tremblemens de terre auxquels ce pays est sujet. Le climat du Japon n'est rien moins que tempéré; l'hiver y est très rude, et il fait en été une chaleur insupportable. Les pluies y sont abondantes dans toutes les saisons, mais principalement en juin et en juillet qu'on appelle les *mois d'eau*. Cependant, à juger du pays par la longue vie de ceux qui l'habitent, on ne peut douter que l'air ne soit excellent. Les femmes y sont fécondes, et il y règne peu de maladies; mais le despotisme, l'esclavage, les lois barbares, y sont des maux tout-à-fait incurables.

Les tremblemens de terre sont si fréquens au Japon, que les habitans y sont habitués et s'en alarment fort peu. Cependant ils causent des désordres terribles, et renversent quelquefois des villes entières. Ce qui rend le pays sujet à ces accidens, est la qualité sulfureuse de son sol, et la quantité de feux souterrains et de volcans dont il est rempli. De ces mêmes montagnes dont il sort des flammes et de la fumée, on voit jaillir plusieurs sources d'eau, les unes froides, les autres chaudes, qui ont, à ce qu'on dit, la propriété de guérir les malades. La qualité sulfureuse du terroir donne naissance à toutes sortes de métaux et de minéraux. Il est peu de contrées où le souffre soit plus abondant, et c'est une des principales richesses du Japon. On y trouve aussi beaucoup d'or, de l'argent, du cuivre; mais le fer y est extrêmement rare. Les montagnes renferment différentes sortes d'agates, des cornalines, du jaspe, et d'autres pierres très précieuses.

Si pour connaître l'étendue de cet empire qui produit tant de richesses, on s'en rapporte aux Japonais mêmes, sa longueur est d'environ deux cent soixante lieues de France, et sa largeur, quoique très irrégulière, n'en a presque jamais moins de soixante. L'île de Niphon paraît avoir donné son nom au reste du pays. Les grandes îles qui composent ce royaume sont environnées d'un nombre infini d'autres plus petites, dont quelques-unes sont fertiles, très peuplées, et même assez grandes pour former des gouvernemens et des principautés. Quelques autres sont pauvres et absolument désertes. Il semble que la nature, en rendant ce pays presque inaccessible, et en le fournissant de toutes les choses nécessaires et agréables à la vie, ait voulu en former un petit monde à part, indépendant du reste de l'univers.

En effet, cette nation cantonnée dans un coin de notre globe, ferme son empire à tous les peuples de la terre, repousse avec violence les étrangers qui s'y présentent, condamne à une prison perpétuelle ceux même que la tempête y a fait échouer, impose aux habitans la loi gênante de n'en point sortir; et en un mot renonce à toute espèce de commerce avec les autres pays, et rompt en quelque sorte les nœuds sacrés de la société qui doit être entre tous les hommes. Elle se croit assez laborieuse, assez riche, pour se passer de ses voisins; assez puissante, assez courageuse, pour être à l'abri des insultes de l'ennemi; assez peuplée, assez industrieuse, pour n'avoir besoin ni des secours, ni des lumières des étrangers. Les deux villes principales Méaco et Jédo peuvent le disputer aux plus grandes cités du monde; et une armée d'environ quatre cent cinquante mille hommes d'infanterie, et de cinquante mille de cavalerie met l'empire du Japon en état de résister à toute puissance qui tenterait d'en faire la conquête.

Pour prévenir les séditions qui pourraient naître de l'oisiveté ou de l'indigence, le prince a soin d'occuper aux travaux publics une portion considérable de ses sujets. Cent mille ouvriers, qu'on a l'attention de renouveler souvent, sont employés à la construction des temples, des palais, des chemins et d'autres édifices. Ainsi l'empire une fois fermé, rien ne peut faire obstacle à la volonté du souverain ; il n'a à craindre ni l'ambition des grands qu'il s'est assujétis, ni la fougue du peuple qu'il tient dans l'obéissance, ni les efforts des nations étrangères qu'il éloigne de ses ports. Ainsi, rien n'est si facile que de maintenir le bon ordre dans les villes, et la tranquillité dans les campagnes.

Des mesures aussi heureusement calculées, non pour l'avantage des peuples, mais pour le maintien du gouvernement despotique, devraient, ce semble, permettre d'adoucir la rigueur, pour ne pas dire l'atrocité et la barbarie des lois pénales. Est-il nécessaire de hacher en pièces un coupable, de lui ouvrir le ventre à coups de couteau, de le suspendre au moyen de crocs enfoncés dans les côtes, de le faire cuire dans de l'huile bouillante ? N'est-il pas horrible que chaque citoyen soit responsable des délits commis par son voisin ; que des familles, des villages entiers soient livrés aux derniers supplices pour expier la faute d'un seul individu ? Si de semblables institutions diminuent le nombre des crimes, elles ôtent aussi à l'innocence sa tranquillité, à la société ses agrémens ; et il vaut mieux sans doute courir le risque d'être volé quelquefois en sa vie, que de craindre à chaque moment d'avoir le ventre coupé, pour expier le vol commis par un de ses concitoyens. Mais il ne faut pas oublier que dans les états despotiques, la vie des peuples est comptée pour rien.

Ce pays compte, selon les uns, quinze millions d'habitans, et selon d'autres, trente millions; mais ces données sont incertaines, et il est probable qu'en comprenant, avec le Japon proprement dit, les autres îles qui lui sont soumises et qui sont habitées par des peuples divers, on trouverait difficilement une population aussi nombreuse.

LETTRE VIII.

La Corée. — King-Ki-Tao, capitale. — Lois pénales. — Moines. — Usages particuliers. — Portraits des Coréens.

En quittant le Japon, nous avons fait voile pour le royaume de Corée qui est proche voisin. L'accès en est difficile et périlleux à cause des rochers et des bancs de sable qui l'environnent. Notre débarquement eut lieu à King-Ki-Tao, dans la province de King-Ki. Cet état a huit provinces qui renferment quarante grandes cités, trente-trois villes ou communes du premier ordre, cinquante-huit du second, et soixante-dix du troisième. L'aspect de ces villes est le même que celui des villes chinoises; mais les maisons ont l'air misérable. Les toits sont couverts de paille ou de roseaux; elles sont basses, étroites et séparées les unes des autres ; quelques-unes sont élevées sur des piliers de bois. Les murs sont de terre ou d'une légère maçonnerie. Le plain-pied est voûté, et l'hiver on y allume du feu qui répand la même chaleur qu'un poêle. La voute est couverte de papier huilé ; le corps de chaque bâtiment a peu d'étendue; il ne contient qu'un étage avec un grenier, où l'on enferme les provisions. Les meubles aussi simples que la maison se réduisent au pur nécessaire.

Les habitations des nobles, plus agréables, plus vastes, ont un avant-corps destiné à loger des amis, à donner des repas, à recevoir des visites. On y voit aussi une grande cour, une pièce d'eau et un jardin avec des allées couvertes. L'appartement des femmes est dans la partie intérieure du logis; l'accès en est interdit aux étrangers; cependant elles ont quelquefois la liberté de voir du monde, et même de manger à table; mais elles sont assises à part, et toujours en face du mari qui ne les perd jamais de vue.

King-Ki-Tao est la capitale du royaume et la résidence du souverain, qui, bien que tributaire de la Chine, est absolu dans ses états. Nul de ses sujets, sans en excepter les grands seigneurs, n'a la propriété d'aucune terre. Il les donne à qui il lui plaît, et pour le temps qu'il juge à propos. Elles rentrent dans le domaine royal à la mort de ceux à qui il en a accordé l'usufruit. Le conseil du roi est composé des principaux officiers de terre et de mer. Les ministres s'assemblent chaque jour dans son palais; mais nul n'a droit d'opiner, si on ne l'interroge, ni de se mêler d'aucune affaire sans être consulté.

Les revenus du prince consistent dans le produit de ses domaines, et la perception des droits qui se lèvent sur les terres; il prend le dixième de toutes les productions du pays, et cet impôt se perçoit en nature et non en argent. Les fermiers généraux, qui sont pris dans la classe ordinaire des citoyens, le recueillent au temps de la moisson, sur la terre même, avant qu'on en ait rien enlevé, et le déposent dans les magasins royaux, construits dans les provinces. Les officiers publics reçoivent leurs traitemens en denrées dans les lieux de leur résidence. Outre la dîme, dont personne n'est exempt, chaque particulier qui n'est point enrôlé dans la milice doit travailler trois jours de l'année pour le compte du roi. Ces corvées sont prescrites par le gouvernement.

La capitale est toujours remplie de gens de guerre, dont la fonction ordinaire est de faire la garde autour du palais, et d'escorter le roi dans toutes ses marches. Tous les sept ans, les provinces envoient tour-à-tour les habitans de condition libre pour le garder pendant l'espace de deux mois. Lorsqu'il sort, c'est avec tout le faste de la royauté absolue, et toujours accompagné de sa noblesse. La garde du corps est composée des principaux bourgeois de la capitale; c'est à eux, que sa majesté confie le plus volontiers sa personne. Elle marche au milieu d'eux, sous un dais très riche. Chacun observe un profond silence, et de peur d'être soupçonné de l'avoir interrompu, la plupart mettent un petit bâton dans leur bouche ; à peine se permettent-ils de tousser.

Les particuliers qui se trouvent sur le passage du roi, doivent tourner le dos, sans jeter sur lui le moindre regard. Il est précédé d'un officier de distinction qui tient une boîte dans laquelle il met les requêtes et les mémoires que le peuple présente au bout d'une canne. Le prince se les fait présenter à son retour, et les ordres qu'il donne à cette occasion sont exécutés sur-le-champ. Dans toutes les rues où il passe, les portes et les fenêtres doivent être fermées.

Comme la Corée est une presqu'île qui ne tient à la terre que par une montagne impraticable, le gouvernement tourne sa principale attention à la défense de ses ports, et entretient pour cet effet une flotte considérable. Chaque ville doit équiper un navire, sur lequel il n'y a guère moins de trois cents hommes. On arme ces bâtimens de quelques pièces d'artillerie, et d'un grand nombre de pots d'artifice. Dans chaque province, un officier de marine doit faire la revue des vaisseaux qu'elle fournit, et en rendre compte au grand amiral. Si quelqu'un d'eux manque à son devoir, il est condamné à l'exil, à la bastonnade ou à la mort.

Les lois pénales sont en général très sévères dans les pays asiatiques. Dans la Corée les rebelles et les traîtres sont exterminés avec toute leur race, et la maison du coupable est rasée sans pouvoir être rebâtie. Une femme qui tue son mari par le fer ou par le poison, est enterrée toute vive, jusqu'aux épaules sur un grand chemin. On place auprès d'elle une hache, et chaque passant, qui n'est point de l'ordre de la noblesse, est obligé de lui donner un coup sur la tête. Les plus humains l'assomment d'abord, pour ne pas prolonger ses souffrances, et ne pas rendre le supplice plus odieux que le crime.

L'adultère est également puni de mort dans les hommes comme dans les femmes. Un homme libre surpris avec une femme mariée est dépouillé de ses habits, et ne garde qu'un caleçon; on lui passe une flèche dans chaque oreille; on lui barbouille le visage avec de la chaux; on lui attache sur les épaules un bassin de cuivre, et en cet état le bourreau le promène dans tous les carrefours, frappe de temps en temps sur le bassin, lui ôte le caleçon et lui applique une cinquantaine de coups de latte sur les fesses. Cette latte de bois de chêne, de la longueur du bras, est arrondie d'un côté, plate de l'autre, large de deux doigts, et de l'épaisseur d'un petit écu. Dans ces exécutions, le patient jette des cris lamentables qui font frémir la nature.

La bastonnade, dont l'instrument est la latte que je viens de décrire, n'est, en Corée, ni moins commune, ni plus flétrissante qu'à la Chine. On l'applique tantôt sur les jambes, tantôt sur la plante des pieds, le plus souvent sur les fesses. Ce dernier mode est spécialement destiné aux enfans, aux moines et aux femmes; mais celles-ci ont des caleçons, et la reçoivent sur les mollets. On jette sur la tête de ceux qui doivent subir cette correction, un sac qui leur enveloppe presque tout le corps, pour les châtier avec plus de facilité. Cent coups sont équivalens à la mort; et il arrive quelquefois que le patient expire avant de les avoir reçus. A moins que la faute ne soit capitale, on ne doit pas en donner plus de trente coups de suite; mais deux ou trois heures après, on recommence l'exécution jusqu'au nombre porté par la sentence.

La religion de Foé, si accréditée à la Chine parmi le peuple, a en Corée beaucoup de sectateurs parmi les grands. Tout le pays est rempli de temples consacrés à cette divinité indienne; mais ils sont bâtis hors des villes, dans l'enceinte desquelles on ne souffre point de pagodes, et où l'on s'occupe assez peu du service des dieux; aussi ne voit-on pas, comme au Japon, tous ces pélerinages, ces voyages de dévotion qui font vivre des gens oisifs aux dépens de la crédulité aveugle des citoyens. Ceux qui n'adorent point Foé suivent la doctrine de Confucius.

Les moines dont le pays est inondé font une profession plus ouverte d'adorer la divinité. C'est aux libéralités du peuple qu'ils doivent leurs églises et leurs monastères. Les uns et les autres sont bâtis hors des cités et situés sur les montagnes. Chaque couvent dépend de la ville qui l'a fondé, mais le gouvernement ne s'en mêle en aucune manière. Quelques-uns de ces monastères contiennent cinq à six cents religieux, et il y a telle ville qui nourrit dans son district jusqu'à quatre mille moines. Leur vie est très dure, ils sont accablés d'impôts et de corvées; la nation les méprise et les traite en esclaves, et ces traitemens n'en diminuent pas le nombre. Il est vrai qu'ils ne sont point liés par des vœux, et qu'il leur est libre de rentrer dans le monde quand ils s'ennuient dans leur solitude.

Les Coréens ont aussi des communautés de religieuses, où, pour être reçu, il faut faire preuve de noblesse. Il est d'autres couvens de filles d'un rang inférieur; les unes et les autres ont les cheveux coupés, et sont employées au service des temples en attendant qu'elles trouvent des maris.

Le mariage est defendu entre parens jusqu'au quatrième degré. Le jour de la cérémonie, le jeune homme monte à cheval, accompagné de ses amis, et après s'être promené par la ville, il s'arrête devant la porte de sa prétendue. Les parens sortent, conduisent chez lui la jeune épouse; la noce se célèbre, et le mariage se consomme sans autre formalité. Un homme peut entretenir plusieurs femmes; mais la loi défend d'en avoir plus d'une dans sa maison.

A la mort du père, la plus riche portion de l'héritage, la maison paternelle, et les effets qui en dépendent, appartiennent à l'aîné des enfans mâles; le reste se partage, par portions égales, entre les frères. Les filles sont privées de la succession, parce qu'une femme n'apporte en mariage que ses habits. Lorsqu'un chef de famille est parvenu à une extrême vieillesse, il renonce à ses biens, et l'aîné entre en possession de la maison, en fait bâtir une autre de moindre étendue pour y loger le vieillard, prend soin de sa subsistance, pourvoit à ses besoins; et quoiqu'il n'ait plus rien à en attendre, il n'est ni moins respectueux, ni moins soumis. De pareilles mœurs doivent nous paraître rares et admirables.

Le deuil d'un père dure trois ans, pendant lesquels il est défendu d'exercer aucune charge, de se mettre en colère, de se battre, de s'enivrer, et surtout d'habiter avec sa femme, à peine d'illégitimité des enfans qui naîtraient alors. L'habit de deuil est une robe de grosse toile, sous laquelle on met une espèce de haire, et sur un chapeau de roseaux verts entrelacés on porte une corde de chanvre au lieu de crêpe. Une grande canne ou un bâton sert à faire distinguer de qui l'on est en deuil. La canne marque la mort du père, le bâton celle de la mère. L'usage des bains est interdit pendant ces jours de tristesse, et chacun affecte une malpropreté affreuse et dégoûtante.

On n'enterre les morts qu'au printemps et en automne, et en attendant le jour des funérailles, on dépose le corps dans une hutte de chaume, élevée sur quatre pieds, dans une cour ou dans un jardin. Le défunt, revêtu de ses plus beaux habits, est renfermé dans un cercueil dont les jointures sont exactement bouchées, et l'on met à côté de lui quelques bijoux dont on suppose qu'il peut avoir besoin dans l'autre monde. Quand le terme de la sépulture est arrêté, les parens se transportent la veille au logis du mort et passent la nuit à boire, manger et se divertir. Le convoi part le lendemain à la pointe du jour. Ceux qui portent le corps chantent d'un ton mesuré, et marchent en cadence, tandis que les autres font retentir l'air de cris lugubres. On creuse une fosse de cinq à six pieds pour les gens du commun ; on dépose les personnes de distinction dans un caveau de pierre, construit exprès, et sur lequel est placée leur statue, avec une inscription qui contient le nom, les qualités, et les exploits du défunt.

Trois jours après, on retourne au lieu de la sépulture, pour y faire quelques offrandes. Tous les mois, on coupe l'herbe qui croît sur le tombeau et les offrandes se renouvellent. Ces devoirs funèbres sont, comme chez les Chinois, le principal et presque le seul acte de religion de ces peuples.

Les Coréens ont appris de ces mêmes Chinois à estimer les sciences, dans lesquelles néanmoins ils n'ont fait aucun progrès. On instruit de bonne heure les enfans dans les sciences de leur pays qui consistent à en connaître l'histoire, et dans l'étude de la morale, telle qu'elle est enseignée dans les livres de Confucius. Leur langue, différente de celle des Chinois, s'écrit aussi avec des caractères particuliers. Le peuple et les femmes n'en emploient pas d'autres; mais les lettrés se servent de ceux de la Chine dont l'idiome fait une des principales occupations des savans. Ils ont beaucoup de livres, soit manuscrits, soit gravés comme ceux des Chinois, et n'en sont pas moins ignorans au point de se servir de l'almanach de la Chine, faute de lumières suffisantes pour en composer un eux-mêmes. Chaque année ils envoient un ambassadeur pour le recevoir.

On donne à la Corée cent quatre-vingt lieues de longueur du nord au midi, et cent vingt lieues dans sa plus grande largeur. Elle est séparée de la Chine par une grande palissade de bois, qui sert de limites aux deux états. Ce royaume est arrosé par deux fleuves considérables, dont l'un coule à l'est et l'autre à l'ouest, quoiqu'ils prennent, l'un et l'autre, leur source auprès de la même montagne qui joint la presqu'île au continent. Le climat y est excessivement froid, surtout dans les contrées septentrionales. Les neiges y tombent en si grande abondance qu'on est obligé de pratiquer des chemins par dessous pour aller d'une maison à l'autre. Dans l'hiver les habitans attachent à leurs pieds, une petite planche, taillée en forme de raquette, qui leur sert à se soutenir sur la neige.

Le riz croît difficilement dans cette contrée; on n'y recueille point de coton, et le peuple n'a pour vêtement que de grosses toiles de chanvre et des peaux de brebis. En récompense on y trouve une quantité assez considérable de gin-seng, dont les Coréens font un grand commerce soit au Japon, soit à la Chine. Les parties méridionales sont très fertiles, et fournissent toutes les choses nécessaires à la vie. Ces peuples ont appris des Japonais à cultiver le tabac, dont l'usage leur était absolument inconnu. Aujourd'hui les hommes et les femmes en usent généralement; on accoutume même les enfans à fumer dès l'âge de quatre ans.

La Corée produit des mines de plomb, de fer et d'argent; des peaux de tigres, de martres et de castors, beaucoup de bestiaux de toute espèce, et quantité d'oiseaux domestiques et sauvages. Les crocodiles y paraissent très communs et sont également avides de poissons et de chair humaine. Le commerce des Coréens avec la Chine et le Japon consiste en plomb, en chanvre, et surtout en gin-seng. Ils reçoivent en échange des épiceries, du papier, des bois de senteur, et d'autres marchandises. Ces peuples n'ont de monnaie que de petites pièces de cuivre ; les gros paiemens se font en lingots d'argent qui n'ont point de marque.

Les Coréens sont en général d'une taille et d'une physionomie avantageuses, d'un caractère doux et sociable avec les étrangers, excepté envers ceux qui ont le malheur d'échouer sur leurs côtes ; car ils les traitent avec une sorte de cruauté, qui prouve que le droit des gens leur est tout-à-fait inconnu, aussi bien que celui de l'humanité. Ces peuples sont simples, crédules, et en même temps fourbes et menteurs. La fraude n'a rien de répréhensible à leurs yeux; ils y attachent au contraire une sorte de gloire. Cependant leur gouvernement ne la voit pas de même œil, car la mauvaise foi est de temps en temps réprimée, et il existe une loi qui ordonne des réparations envers ceux qui ont été trompés dans un marché. Les Coréens sont naturellement efféminés, adonnés aux plaisirs, et aiment passionnément la musique et la danse. Ils sont communément lâches, redoutent singulièrement la mort, et mettent au rang des plus grands malheurs, l'obligation d'exposer leurs jours dans les combats. Dans une de leurs guerres contre les Japonais, ils abandonnèrent le roi qui fut tué par l'ennemi, et se cachèrent dans les bois, où la faim en fit périr un plus grand nombre que le fer. On les a vus plus d'une fois, lorsqu'ils se disposaient à piller un vaisseau échoué sur leur côte, prendre la fuite à la vue d'une poignée d'Européens.

Il n'est pas étonnant qu'avec de pareils soldats, la monarchie coréenne soit devenue tributaire de ses voisins, et principalement de la Chine. Les Japonais et les Tartares ont aussi subjugué une partie de ses provinces; les premiers y possèdent encore un petit territoire, situé sur la frontière maritime de leur île. Mais ce qu'il y a de plus humiliant pour la nation, ce sont les hommages que ses souverains sont obligés de rendre chaque année à l'empereur chinois; ils doivent même à leur avénement au trône, se faire confirmer par ce monarque qui envoie deux mandarins pour leur conférer le titre de roi. Ils reçoivent à genoux cette espèce d'investiture, paient une certaine somme, et ne peuvent donner à leur épouse la qualité de reine, sans en avoir obtenu la permission de la cour de Pékin.

LETTRE IX.

La Tartarie. — Tartares mantchoux. — Tartares mongols. — Mougden, capitale. — Kirin, province, Kirin-Oula, capitale. — Tsit-Si-Car. — Saghalia. — Merghen. Tartares solons et tongouses. — Les Eleuthes ou Kalmouks.

Vous avez souvent entendu parler des Mantchoux qui, dans le dix-septième siècle, ont fait la conquête de la Chine. Les opinions sont partagées sur leur origine; les uns les font venir d'une nation de sauvages qui occupaient la partie orientale de la Tartarie; d'autres les font descendre des anciens Tartares, dont l'empire avait été autrefois presque aussi étendu que celui de la Chine. Ce qu'il y a de certain, c'est qu'avant leur conquête, ils formaient

FAMILLE TARTARE.

Dans la suite, toutes les puissances voisines de ce grand empire, en ont usurpé quelques parties, et de cette immense contrée, plus de la moitié appartient actuellement aux Chinois et aux Russes.

La Tartarie orientale, ou les Tartares Mantchoux, qu'on peut regarder comme une province de la Chine, sont divisés en trois gouvernemens, connus sous les dénominations de Schin-Yang, de Tsit-Sicar et de Kirin. Le premier a pour capitale *Mougden*, qui passe pour celle de toute la nation. Les Mantchoux l'ont ornée de plusieurs édifices publics, et y ont établi les mêmes tribunaux qu'à Pékin, composés des seuls habitans. Ces cours souveraines jugent en dernier ressort dans toutes les contrées de la Tartarie soumise à la domination chinoise. Cette ville est aussi la résidence d'un général tartare qui a ses lieutenans, et commande un corps considérable de troupes du pays.

A quelque distance des portes de cette

cité, on voit deux magnifiques tombeaux, où ont été inhumés les deux premiers souverains de la race régnante. Des mandarins sont chargés de l'entretien de ces édifices, et rendent, de temps en temps, à la mémoire de ces princes, les mêmes respects que s'ils étaient encore sur le trône.

Nous fûmes invités à un festin où l'on servit à la tartare. Il consistait en deux plats de viande mal hachée et à demi-cuite, avec un autre plat qui contenait un mouton presque entier, et coupé en morceaux. Il était accompagné de riz, de lait aigre, et d'un bouillon clair, dans lequel on voyait surnager de petites tranches de viande. On y joignit une grande abondance de thé. Les plats furent servis à terre, sur des nattes qui tenaient lieu de table, de nappe et de serviettes.

Dès le lendemain de notre arrivée, nous fîmes une promenade à une lieue de la ville. D'un côté, on voyait des plaines couvertes de bœufs et de moutons ; de l'autre, de vastes vergers, ou plutôt des forêts de pommiers, de poiriers, qui nous rappelèrent les vastes campagnes de la Normandie. Ce canton n'abonde pas moins en millet, en coton et en froment, qu'en fruits et en bestiaux. Les autres villes méritent à peine attention ; les simples bourgs de France sont plus peuplés et mieux bâtis. On y voit peu de maisons de campagne ; les personnes riches n'habitent que les cités ; lorsqu'elles veulent aller prendre l'air, dans la belle saison, on leur porte des tentes et des provisions ; la chasse fait presque leur unique exercice.

Mougden, où nous restâmes quelque temps, est la seule ville de cette province qui présente de l'intérêt. Son voisinage de la Corée la rend très commerçante. Ses principales manufactures, qui font presque toute la richesse du pays, sont les fabriques de papier de coton qui est aussi blanc et aussi transparent que le nôtre.

On en transporte beaucoup à la Chine, où on l'emploie, au lieu de verre, pour les fenêtres.

C'est, dit-on, sur une montagne fameuse, aux environs de cette ville, que se trouve l'oiseau merveilleux dont les Chinois font mention dans toutes leurs histoires, et qu'ils retracent dans toutes leurs peintures. Si l'on en croit leurs récits, leurs livres, leurs tableaux, cet animal a le corps d'une grue, le cou d'un serpent, et la queue d'un dragon. Il chante harmonieusement, ne se perche jamais sur les arbres, ne se nourrit d'aucun fruit. Il n'est pas un Chinois qui ose assurer l'avoir vu ; mais tous prétendent qu'il existe, et que sa vue est d'un très heureux augure. Ils disent qu'il en parut un à la naissance de Confucius. C'est sans doute le phénix des anciens, qui, à tous les renouvellemens de période, sortait de l'Arabie, ou des Indes, se montrait aux hommes, et renaissait de ses propres cendres. Il portait son ancienne dépouille en Égypte, dans la ville d'Héliopolis, sur l'autel du soleil.

Les Japonais ont aussi un animal imaginaire et fabuleux; tantôt c'est un quadrupède ailé, tantôt c'est une espèce d'aigle d'une vitesse incroyable, et d'un caractère plein de bienfaisance. Il est regardé comme le précurseur du siècle d'or, comme un signe fortuné, qui ne se montre que sous une constellation particulière, pour amener la naissance des bons rois, des héros, des grands philosophes, des hommes rares et extraordinaires.

La ville de Mougden est située à l'orient de Pékin, à cent cinquante lieues de cette capitale. Elle est placée sur une éminence, et le pays qui l'environne est arrosé par une multitude de rivières qui le rendent très fertile. Tay-Tsou fut le premier de sa race qui renversa les murailles de Schin-Yang; sur les ruines de cette ancienne ville, il en bâtit une nouvelle dans une enceinte plus vaste, et l'appela Moug-den, qui signifie *croître, s'élever*, allusion à la fortune de ce même prince. Elle peut être considérée comme une double cité, dont l'une est enfermée dans l'autre.

La ville intérieure contient le palais de l'empereur, où le service se fait avec les mêmes formalités qu'à Pékin. Les hôtels des grands, les cours souveraines, et les différens tribunaux, sont en même nombre que dans la capitale de la Chine. On lui donne une lieue de circuit, et l'on y entre par huit portes, dont deux sont au midi, deux au nord, deux à l'orient, deux à l'occident. La ville extérieure est peuplée des habitans du commun: ouvriers, marchands, artisans, et autres personnes qui, par leur profession ou leurs emplois, ne sont pas obligées d'avoir leur logement dans les environs du palais. Les murailles qui renferment ces deux villes ont plus de trois lieues de circonférence.

Le gouvernement de Kirin est le second

du pays des Mantchoux que nous parcourûmes, et nous arrivâmes, à travers des forêts et des plaines désertes, à *Kirinoula*, capitale de cette province. Cette ville, située sur le Songari qui se jette dans l'Amur, n'offre rien de remarquable. Les murs en sont de terre, et les bâtimens ont plus l'air de chaumières que de maisons. *Ninguta* n'est ni plus considérable, ni mieux construite; il faut pourtant en excepter les faubourgs dont les logemens sont assez agréables. C'est dans les bois voisins de cette ville que croît la précieuse racine de gin-seng, qui y attire un assez grand commerce. Pour peupler cette région presque déserte, l'empereur y envoie tous les criminels, Chinois ou Tartares, condamnés au bannissement.

Pendant plusieurs jours que nous voyageâmes dans ces déserts, la nature nous offrit des spectacles charmans et des points de vue admirables. Quelquefois, après un chemin ingrat et aride, nous découvrions tout à coup de belles vallées, entrecoupées de ruisseaux et émaillées d'un million de fleurs. Nous vîmes des plaines entièrement couvertes de lis jaunes, plus beaux et plus odoriférans que les nôtres. Nous passâmes plusieurs rivières, tantôt à gué, tantôt dans des barques. L'Usuri est sans contredit la plus belle de cette contrée, autant par la clarté de ses eaux, que par la longueur de son cours. On voit, à droite et à gauche, des villages bâtis sur ses bords, et elle abonde en poissons de toute espèce, dont une partie sert à nourrir les habitans, une autre à faire de l'huile à brûler ; le reste séché au soleil, se conserve pour l'hiver ; les hommes et les bêtes en mangent également.

La pêche ne fournit pas seulement à la nourriture de ces peuples ; elle leur procure encore l'habillement. Ils ont l'art de préparer les peaux de poissons, et de les teindre de manière qu'on les prendrait pour des étoffes de soie. Leurs vêtemens, pour la forme, sont les mêmes que ceux des Chinois, avec cette différence que les manteaux dont les femmes se couvrent, sont garnis sur les bords de grelots qui font beaucoup de bruit. Leurs cheveux, partagés en plusieurs tresses, sont chargés d'anneaux, d'aiguilles, de petits miroirs et d'autres bagatelles.

Ce peuple manque de grains, de fruits, de bestiaux; les rivières seules sont sa richesse et sa subsistance. Rien n'est plus célèbre dans l'histoire des Mantchoux que le fleuve Songari, et la montagne dont il tire sa source. L'un est remarqué par la quantité prodigieuse d'esturgeons qu'il nourrit dans ses eaux, l'autre par sa hauteur et sa blancheur. Les sables dont elle est couverte lui donnent cette couleur qui la fait appeler la *Montagne blanche*. Cinq rochers d'une grosseur extraordinaire terminent son sommet, et paraissent autant de pyramides en ruines, toujours environnées de brouillards. Entre ces rochers est un lac profond, d'où sort le Songari. Les peuples qui habitent ses bords paraissent n'avoir aucun culte, ni même aucune idée de religion. Les idoles de la Chine n'ont pas encore trouvé accès parmi eux; sans doute parce que les bonzes prennent peu de goût pour un pays misérable, où ils ne trouveraient ni à s'établir commodément, ni à s'enrichir promptement.

Après une marche longue et fatiguante, nous arrivâmes à Tsit-si-car, troisième gouvernement des Mantchoux. Il tire son nom d'une ville bâtie par l'empereur Cang-hi, pour assurer ses conquêtes contre l'ambition des Russes. Au lieu de murs, elle est entourée d'une palissade d'une hauteur médiocre, mais bordée d'un assez bon rempart. La garnison est principalement composée de Tartares, et la plupart de ses habitans sont des Chinois attirés par le commerce, ou bannis pour quelques crimes. Leurs maisons sont situées hors d'une enceinte de palissades, qui ne contient guère que les cours de justice et le palais du gouverneur.

À quelque distance de cette ville, sur les bords du Saghalia, il en est une autre du nom de cette rivière, où se vendent les martres-zibelines, plus belles ici que dans le reste de la Tartarie. Les Mantchoux les apportent de plus de cinquante lieues, et elles passent pour une des principales productions de leur pays. Des chiens dressés à cette chasse, montent sur les lieux escarpés, et connaissent toutes les ruses de ces animaux. Les grandes forêts dont cette contrée est couverte, la rendent très propre à la recherche de ces précieuses fourrures.

Entre ces forêts et la ville, les campagnes offrent des moissons abondantes, et les villages entassés les uns près des autres semblent former, avec la ville qui est au milieu, une grande et vaste cité. Outre le commerce immense qui se fait des peaux de martre, on vend aussi beaucoup de perles qui se pêchent dans presque toutes les petites rivières que reçoit le Saghalia. *Merghen*, autre grande ville du gouvernement de Tsit-si-car, est assez peuplée, mais mal bâtie. Les murs en sont de terre. Les environs sont, en général, stériles; néanmoins on y recueille assez de froment et de millet pour nourrir les habitans.

Outre les Mantchoux qui sont les maîtres du pays, il s'y trouve aussi des Tartares Solons et Tungouses dont les mœurs et les usages n'ont rien qui se ressemble. Les Solons, plus adroits et plus robustes, ne connaissent pas d'autre occupation que la chasse. Les femmes montent à cheval, tirent de l'arc, et accompagnent leurs maris à la poursuite des martres et des cerfs.

Quand ils partent pour cet exercice, ils sont environ mille ou douze cents, vêtus de camisoles courtes et étroites, faites de peaux de loup. Ils ont avec eux des chiens, des chevaux, et des provisions pour trois mois. Ils vivent pendant ce temps dans les forêts et sur les montagnes, exposés au froid le plus rigoureux, et souvent en danger d'être dévorés par les bêtes féroces. Rien ne décourage ces chasseurs infatigables ; ni les glaces, ni les débordemens des rivières, ni les fatigues d'une vie errante et misérable. Ils reviennent au printemps dans leurs habitations, et apportent à la ville les peaux de toutes les bêtes qu'ils ont tuées. Les plus belles sont mises à part pour l'empereur. C'est le seul tribut qu'il exige d'eux. Les autres peaux s'achètent fort cher, quoique ce soit une marchandise du pays. Leur valeur augmente à mesure qu'elles s'éloignent de la Tartarie ; aussi sont-elles hors de prix lorsqu'elles arrivent en Europe. On croit que les Solons sont un reste des différentes hordes subjuguées par les Mantchoux.

Les Tungouses, ainsi appelés, d'un fleuve de Sibérie, d'où ces Tartares tirent leur origine, diffèrent des Solons par le langage, les mœurs et l'habillement. Ils n'ont point de maisons, et campent dans les bois ou sur le bord des rivières. Lorsqu'ils arrivent dans un endroit où ils jugent convenable de s'arrêter, ils plantent en terre plusieurs perches qu'ils joignent par le sommet, y pratiquent une ouverture pour le passage de la fumée, les couvrent d'écorce de bouleau qu'ils cousent ensemble et placent le feu dans le milieu.

Ces gens sont civils et humains; ils aiment fort le tabac et l'eau-de-vie. Les hommes sont grands, robustes et honnêtes; les femmes, de moyenne taille, et vertueuses. J'ai vu de ces Tartares qui avaient sur le front différentes figures qui leur prenaient depuis le coin de l'œil jusqu'à la bouche. Ils les dessinent dans leur enfance, en piquant la chair avec une aiguille, et la frottant avec du charbon; ce qui laisse une marque qui ne s'efface jamais.

Les femmes sont habillées d'une fourrure qui leur descend jusqu'aux genoux, et qu'elles attachent avec une ceinture large de trois doigts, brodée à l'aiguille. Il y a de chaque côté un anneau de fer, où elles pendent leur pipe et différens colifichets. Elles tressent leurs cheveux, qui sont fort noirs, autour de leur tête, et mettent par dessus un petit bonnet fourré qui leur sied à merveille. Elles portent de petites bottines de peau de daim, qu'elles lient autour de la cheville du pied avec une courroie.

Le vêtement des hommes est fort simple et très leste; il consiste en une jaquette de peau, à manches étroites, et dont le poil est tourné en dehors. Leurs bas et leurs culottes sont de la même peau et d'une seule pièce. Leur bonnet, fait de queues d'écureuils, est ouvert par le haut, pour laisser passer les cheveux qui retombent en forme de tresses. Ils portent leurs flèches dans un carquois sur l'épaule, et leur arc de la main gauche. Ils ont encore une petite hache et une lance courte. Ainsi armés, ils attaquent les bêtes féroces, et en viennent à bout ; car ils sont adroits, forts et courageux.

En hiver, qui est le temps de la chasse, ils se servent d'une espèce de patins, faits d'une pièce de bois extrêmement léger. Elle a environ un pied de long, cinq à six pouces de large, est carrée par derrière, et pointue par devant, avec une courroie au milieu, dans laquelle on passe le pied. Il leur serait impossible sans cela d'aller sur la neige, mais on ne peut s'en servir que dans les plaines. Ils ont pour les montagnes une autre chaussure, bordée de peau, dont le poil rebroussé les empêche de glisser. Ils grimpent les hauteurs avec beaucoup de facilité ; et lorsqu'ils descendent, ils se laissent aller sans que rien les arrête.

Quand ils vont à la chasse, ils ne se chargent d'aucunes provisions, et comptent uniquement sur le gibier qu'ils doivent prendre. Ils mangent tout ce qu'ils trouvent : ours, renards, loups, et sont surtout friands d'écureuils. Un chasseur qui tue un élan ou quelque animal sauvage, ne quitte point la place qu'il ne l'ait mangé, à moins qu'il ne soit près de sa famille, car alors il en emporte une partie dans sa demeure. Les Tungouses ne mangent point de viande crue. Ils font très aisément du feu, partout où ils se trouvent, en frottant deux morceaux de bois l'un contre l'autre. Lorsque la faim les presse, et qu'ils n'ont pas de quoi la satisfaire, ils s'appliquent deux petites planches l'une sur l'estomac, l'autre sur le dos, les serrent par degré avec des cordes; ce qui l'apaise aussitôt.

Pour en revenir aux Mantchoux, bien que le pays leur appartienne, ils ne sont pas fort nombreux dans la Tartarie, surtout depuis que leurs souverains, assis sur le trône de la Chine, les ont attirés dans cet empire. La cour les y protége singulièrement, et ils y possèdent de grandes charges et de grandes richesses. Ils ont la même religion que les Chinois avec lesquels ils ne font plus qu'un même peuple. Mais parmi ceux qui sont restés dans leur patrie, les uns n'ont aucun culte extérieur, les autres adorent le grand Lama dont j'ai donné connaissance dans ma lettre sur le Thibet.

La langue des Mantchoux est celle que ces Tartares ont portée à la Chine, et dont l'empereur Kan-hi a fait faire un dictionnaire, où tous les mots sont rangés en différentes classes. La première regarde les cieux, la seconde, le temps, la troisième, le prince. Les autres appartiennent au gouvernement des mandarins, aux cérémonies, aux coutumes, à la musique, aux livres, à la chasse, à la guerre, à la soie, aux etoffes, à l'homme, aux habits, au boire, au manger, etc. Chaque mot, écrit en gros caractères, a au-dessous, en petites lettres, sa définition.

Quoique cette partie de la Tartarie soit à peu près sous le même degré que la France, le climat y est néanmoins fort différent par rapport aux saisons et aux productions de la terre. Le froid s'y fait sentir plutôt et avec plus de violence que dans nos régions tempérées. Dans le commencement du mois de septembre, les grands fleuves charrient des glaçons. Ce froid excessif et prématuré est en partie causé par l'abondance du nitre qu'exhalent les terres, et en partie par les forêts épaisses et impénétrables dont le pays est couvert. On y voit des troupeaux nombreux de chèvres jaunes qui ne sont propres qu'à cette contrée. Ce ne sont ni des gazelles, ni des daims, ni des chevreuils. Les mâles ont des cornes longues d'un pied, épaisses d'un pouce à la racine, avec des nœuds à des distances régulières. Ils ressemblent à nos moutons, par la tête, et aux daims, par la taille et le poil ; mais ils ont les jambes plus longues et plus minces. Ils sont extrêmement légers, et comme ils courent fort long-temps sans se lasser, il n'y a point de chiens qui puissent les atteindre.

Dans cette même contrée, on trouve des mulets qui ont cela de particulier, qu'ils produisent leurs semblables, et qu'on ne peut les accoutumer à porter des fardeaux. Les chasseurs se nourrissent de leur chair, qu'on dit être excellente. Les chevaux et les dromadaires qui habitent les forêts sont plus légers à la course que ceux qui sont apprivoisés. Ils vont par troupes, comme les moutons, et ne se laissent jamais approcher. Les chevaux surtout ne peuvent être domptés, à moins qu'on ne les prenne jeunes, et ils sont d'une vigilance qui passe tout ce qu'on peut imaginer. Il y en a toujours un qui se tient sur les hauteurs; dès qu'il aperçoit quelque danger, il avertit les autres par ses hennissemens; et tous s'enfuient comme un troupeau de chevreuils. L'étalon se met à la queue, et ne cesse pas de mordre ceux qui ne courent pas assez vite. Malgré cette sagacité, ils sont quelquefois surpris par les Tartares, qui les poursuivent sur des chevaux très lestes, les tuent à coups de lance, mangent leur chair, et se servent de leur peau, comme de matelas pour dormir.

On voit dans le pays des Solons, une espèce d'élan de la grosseur de nos bœufs. Le chulon est un autre quadrupède qui, avec la forme et la couleur du loup, a le poil long, doux et épais; sa peau est recherchée par les Chinois et par les Russes, qui en font de superbes fourrures.

Le tigre, cet animal féroce, est très commun en Tartarie, ainsi que le léopard. Le premier a la peau d'un roux fauve, mouchetée de noir. Ses yeux, d'un rouge étincelant, annoncent sa férocité, et son cri inspire la terreur. On dit que lorsqu'il se voit environné par les chasseurs, la vue du danger le rend d'abord comme immobile ; mais quand il est pressé vivement, sa rage s'allume, et il s'élance avec fureur sur le premier homme qui se présente. La peau de cet animal, fort estimée des Chinois, sert à couvrir les chaises des mandarins dans les marches publiques. Le léopard est plus petit que le tigre avec lequel il a d'ailleurs assez de ressemblance.

Les renards noirs se trouvent ici en grand nombre. Leur fourrure passe pour la plus belle ; on la préfère à la martre-zibeline, parce qu'elle est plus chaude et plus légère. On rencontre aussi très souvent de nombreux troupeaux de lièvres, blancs comme la neige sur laquelle on les voit en course. Il y en a quelquefois jusqu'à cinq ou six cents qui prennent la route du bois sans néanmoins paraître fort effrayés. Ils se retirent au printemps vers le midi, et reviennent en automne, lorsque les rivières sont gelées ou qu'il tombe de la neige. Les environs des villages sont communément remplis de gibier qui serait d'une grande ressource pour la nourriture des habitans, mais ils n'en aiment pas le goût, et n'en tuent que pour avoir la peau, dont ils font un grand commerce.

Les Mantchoux ont pour voisins les Mongols dépendant comme eux de l'empire de la Chine. Ces peuples sont gouvernés par des princes particuliers qui avaient anciennement subjugué les Chinois, comme l'ont fait depuis les Mantchoux. Un d'entre eux y a formé une dynastie dans le treizième siècle de notre ère. Ce sont eux aussi qui ont établi la plupart des monarchies asiatiques, et spécialement celle du Mogol qui leur est redevable de son nom et de sa puissance, bien que ses successeurs n'aient pas su le conserver.

Leur pays était autrefois très peuplé, et l'on y retrouve encore les restes de plusieurs villes. C'est là que le fameux Gengis-kan a pris naissance, et qu'il a eu son siége principal ; que les arts et les sciences ont été long-temps cultivés; que toutes les richesses de l'Asie furent plusieurs fois réunies et dissipées, et que se sont passées les grandes actions que l'histoire attribue aux Tartares de l'Orient et de l'Occident. Mais les guerres fréquentes qu'ils ont eues à soutenir, soit contre les Mantchoux, soit contre les Chinois, et plus que tout cela leurs propres divisions, ont changé cette région florissante en une vaste solitude.

Les Mongols occupent une plus grande étendue de pays que les Tartares orientaux. On comprend sous leur nom les Kalkars, et les Eleuthes ou Kalmouks qui habitent les parties de l'ouest, jusqu'à la mer Caspienne. Ils ont tous le même langage, à peu près les mêmes mœurs et professent la même religion. Ils mènent une vie errante, et n'ont point de demeure fixe; leurs troupeaux, qu'ils conduisent d'un pâturage à l'autre, fournissent leur principale subsistance. La paresse les empêche de s'assujétir aux travaux de l'agriculture; c'est d'ailleurs une maxime constante parmi eux, que l'herbe doit servir de pâture aux animaux; et que les animaux sont faits pour nourrir l'homme.

Ces peuples divisés en plusieurs hordes ont chacun un kan particulier, et n'empiétent jamais sur les terres de leurs voisins. Ils logent sous des tentes, et préfèrent ces demeures grossières aux palais de la Chine, tant cette vie errante a pour eux d'agrémens et de charmes.

Le thé est leur boisson ordinaire; ils ont une autre liqueur très forte, composée de lait de jument fermenté et passé à l'alambic. Ils sont généralement malpropres; les plus illustres d'entre eux se servent de leurs habits pour s'essuyer les doigts et la bouche dans leur repas. Jamais ils ne lavent leur vaisselle, ils y jettent seulement un peu de bouillon du pot, qu'ils remettent ensuite très soigneusement dans la marmite pour se laver eux-mêmes; ils remplissent leur bouche d'eau, crachent dans leurs mains et s'en nétoient le visage. Leurs tentes, faites de la laine des brebis, sont d'une puanteur insupportable. Cette infection se communique à leur corps; aussi les Chinois les appellent-ils *Tartares puans*, pour les distinguer des autres Tartares.

Les Mongols sont d'une taille médiocre, mais robustes; ils ont la face large et plate, peu de barbe, le teint basané, les cheveux noirs et aussi rudes que le crin de leurs jumens. Ils les coupent ordinairement près de la tête, et n'en conservent qu'une touffe au sommet, et la laissent croître de toute sa longueur. Ils sont grossiers, et vivent parmi la fiente de leurs animaux, qui sert à les chauffer; mais ils excellent à la chasse, et dans l'art de mener les chevaux. Leur naturel est gai et ouvert, toujours disposé à la joie. Ils sont bons et honnêtes envers les étrangers; ne s'inquiétent de rien, et n'ont aucune affaire qui les oblige à des soins ou qui puisse troubler leur tranquillité.

Leurs habits sont de grandes chemises et des caleçons de toile de coton ; ils ont des robes de même toile, ou de quelque étoffe légère qu'ils doublent de peau, et qui leur descendent jusqu'au bas de la jambe, avec de grandes bottines de cuir de Russie. Quelquefois ils s'habillent uniquement de peau de mouton, dont ils tournent la laine en dedans, et la lient avec des courroies autour des reins. Ils portent de petits bonnets ronds, bordés d'une fourrure large de quatre doigts. L'habillement des femmes est à peu près le même, excepté qu'elles ont des robes plus longues, que leurs bottines sont rouges, et leurs bonnets plats, avec quelques ornemens.

Les armes des Mongols sont la pique, l'arc et le sabre, et ils font toujours la guerre à cheval. Leurs troupeaux consistent en chameaux, en vaches et en moutons. Ces derniers ont des queues qui pèsent dix à douze livres. Ce peuple abhorre les cochons, et n'élève d'animaux que ceux qui paissent l'herbe.

Quoique la polygamie ne soit pas défendue à ces barbares, ils n'ont pour l'ordinaire qu'une seule femme. Leur coutume est de brûler les morts, et d'entourer leurs cendres dans un lieu élevé, où ils forment un amas de pierres, sur lesquelles ils plantent des espèces de bannières.

Les petits marchands de la Chine viennent en grand nombre chez les Mongols, et leur apportent du riz, du thé, du tabac, des étoffes de coton, diverses sortes d'ustensiles, et tout ce qui sert à leurs besoins. En échange, ils reçoivent des bestiaux, car on ne connaît point parmi eux l'usage de la monnaie.

La religion du pays consiste principalement dans le culte de Fo. Ce peuple qui croit à la transmigration de l'ame, a une obéissance aveugle pour les lamas, qui sont les prêtres, et leur donne ce qu'il y a de plus précieux. Ces lamas sont d'une ignorance extrême ; cependant les chefs de la nation ne se conduisent que par leurs conseils, et leur cèdent le pas dans toutes les occasions. Ces prêtres courent de tentes en tentes, et récitent des prières pour lesquelles on les paie généreusement. Ils se disent fort habiles en médecine, s'attribuent le pouvoir de faire tomber la grêle et la pluie, d'absoudre des péchés et de chasser les démons. Le peuple se met à genoux, la tête nue, devant eux, pour obtenir l'absolution, et ne se relève qu'après avoir reçu l'imposition des mains. La religion de ces lamas est à peu de chose près, la même que celle des royaumes de Thibet et de Boutan, dont je vous ai déjà parlé.

Les Mongols sont divisés en quarante-neuf ou cinquante bannières, sous un plus grand nombre de petits princes, jouissant d'un revenu qui leur est assigné par la nation. Il y a à Pékin un tribunal où l'on appelle de leurs jugemens, et auquel ils sont eux-mêmes obligés de comparaître en personne, lorsqu'ils y sont cités. L'empereur chinois qui seul prend le titre de grand khan des Mongols, les élève ou les dégrade suivant leur bonne ou mauvaise conduite. Cependant ils sont considérés par les Tartares, comme les maîtres du pays, et ils ont une certaine politesse qui les distingue du reste du peuple. Quoique leurs sujets prennent la qualité d'esclaves, ils n'en sont point traités avec rigueur, et vivent même avec eux dans une sorte de familiarité qui ne diminue rien de leur respect.

De toutes les nations mongoles soumises à la domination chinoise, la plus célèbre est celle qui tire son nom de la rivière de Kalka. Ce sont les descendans de ces Tartares chassés de la Chine, après l'extinction de leur dynastie. Ce pays offrait anciennement plusieurs villes qui n'existent plus, mais dont on aperçoit encore les ruines. Mais c'est en vain qu'on y cherche celles de Karakorum, ancienne capitale de l'empire des Tartares ; il n'en est pas resté le moindre vestige.

Il est une autre nation de Mongols plus occidentale que les Kalkas ; ce sont les *Eleuths* ou les *Kalmouks*. Leur pays comprend la plus grande partie des vastes régions connues en Europe sous le nom de *grande Tartarie*. Son extrême élévation le rend beaucoup plus froid que les autres terres situées sous la même latitude ; et en été même, la nuit, y produit quelquefois de la glace de l'épaisseur d'un petit écu.

C'est à cette même hauteur qu'il faut attribuer la multitude et l'immensité de ses déserts. Quoique la plupart des grandes rivières d'Asie en tirent leurs sources, on y manque d'eau dans plusieurs endroits. On y trouve cependant de très bons pâturages ; l'herbe s'élève à plus de trois pieds, et si elle était arrosée, elle croîtrait de la hauteur d'un homme. Les Mongols brûlent leurs champs afin que les bestiaux puissent y paître de bonne heure. La cendre qui reste sur la terre s'imbibe à la fonte des neiges; la nouvelle herbe pousse ensuite avec tant de rapidité, que tous les quinze jours elle grandit de plus d'un demi-pied. Les parties arrosées par des fontaines ou par des rivières suffiraient pour la subsistance d'un plus grand nombre d'habitans, si elles étaient mieux cultivées.

Il n'y a dans ce pays que les Tartares mahométans qui labourent leurs terres. Les Éleuthes ainsi que les autres Kalmouks n'exercent point l'agriculture; ils ne subsistent que de leurs troupeaux; c'est ce qui leur donne tant de goût pour cette vie errante, et les fait changer si souvent de domicile. Chaque tribu a son canton dont elle habite la partie méridionale en hiver, et celle du nord en été. Dans toute l'étendue de cette région, on ne rencontre presque point de villes, et malgré sa fertilité, elle ne produit que très peu de bois.

On y trouve cet animal vorace que les Européens appellent le *glouton*, et qui est particulier aux montagnes de l'Asie septentrionale. Il n'est pas tout-à-fait aussi grand qu'un loup, mais il a le poil plus long et plus rude. Il grimpe sur les arbres pour observer sa proie, et se précipitant sur elle, il s'attache avec ses griffes au dos de la bête qu'il saisit, et la dévore toute vive. Il ne faut pas moins de trois chiens pour attaquer ce terrible ennemi, et souvent ils reviennent fort maltraités. La peau de cet animal est fort estimée; les Russes en font des manchons et des doublures de bonnets.

La manière de vivre des Éleuthes diffère peu de celle des autres Mongols; leur nourriture, leur habillement, leurs huttes ou leurs tentes, sont à peu de chose près les mêmes. Ils ont la liberté de prendre autant de femmes qu'il leur plaît, et peuvent même épouser leurs plus proches parentes, à l'exception de leur mère. Rien n'égale le respect que les enfans ont pour leur père; ils doivent pleurer long-temps sa mort, et aller au moins une fois l'an visiter son tombeau.

La grande Tartarie offre, en quelques endroits, de petites montagnes sur lesquelles on trouve des squelettes humains, accompagnés de vases et de joyaux d'or et d'argent. Quelques-uns croient que ce sont les corps des héros du pays, qui ont perdu la vie dans les combats. On les distingue aisément aux amas de pierres dont ils sont couverts. Il y a apparence que ces tombeaux sont ceux des Mongols qui accompagnèrent Gengis-kan dans les provinces méridionales de l'Asie. Ces conquérans, chargés des richesses des peuples vaincus, les transportèrent dans leurs déserts, et les enterrèrent avec leurs morts, conformément à l'ancien usage des nations.

Les gens des environs se rendent tous les étés à ces tombeaux, creusent la terre, et y trouvent de l'or, de l'argent, du cuivre, des pierres précieuses, des sabres et d'autres armes. Le tout est mêlé de garnitures de selles et de brides, d'os de chevaux et quelquefois d'éléphans; d'où il paraît qu'un général ou quelque officier de distinction venant à mourir, on l'enterrait avec ses armes et sa monture, comme autrefois nos évêques avec leur crosse.

La nation des Éleuthes, indépendante des Chinois, peut être divisée en trois branches. La plus considérable, composée d'une multitude infinie de hordes et de tribus, reconnaît l'autorité d'un khan. Ce sont les Éleuthes proprement dits; et leur prince est appelé le *grand khan* des Tartares. La seconde, qui habite le Thibet et le Boutan, est gouvernée par des princes qui relèvent du grand Lama. La troisième, qui comprend le pays de Kharism et d'Usbek, a aussi ses maîtres particuliers.

Le grand khan des Tartares a sur eux tous une sorte de souveraineté, et en tire des secours considérables quand il est en guerre avec ses voisins, et spécialement avec la Chine. On dit que, lorsqu'il a dîné, un héraut crie de toutes ses forces, que les princes de la terre peuvent aussi prendre leur repas. Ce barbare, qui ne mange que du lait, qui n'a pas de maison, qui ne vit que de brigandage, regarde tous les rois du monde comme ses esclaves, et les insulte régulièrement deux fois par jour, au moment de sa digestion.

Chaque tribu, dans ses différentes branches, est composée d'un nombre plus ou moins grand de familles qui campent ensemble, et ne se séparent point du corps, sans en avertir le chef. Ce dernier est choisi dans la même tribu, et à moins que quelque accident ne trouble l'ordre de la succession cette dignité descend toujours aux plus âgés. Tous les Tartares, de quelque pays, de quelque religion qu'ils soient, grossiers ou polis, d'une naissance commune ou distinguée, ont une connaissance exacte de la tribu dont ils dépendent, et en conservent précieusement le souvenir, de génération en génération.

Les chefs sont soumis à leur khan, c'est-à-dire à un souverain dont ils se disent les vassaux, les conseillers, ou les lieutenans. A sa mort, tous les princes de la famille régnante, et ceux des tribus qui sont sous la même domination, s'assemblent dans le lieu où le monarque faisait sa résidence, pour lui donner un successeur. Le choix se réduit à vérifier lequel d'entre eux est le plus âgé, sans aucun égard pour les enfans du défunt. On ne manque jamais d'élire le plus vieux, à moins qu'il ne soit exclu du trône, pour quelques défauts personnels, ou que la force et l'usurpation ne viennent troubler l'ordre usité.

Les khans des Éleuthes vivent habituellement sous des tentes à la manière de leurs ancêtres, quoiqu'ils aient plusieurs villes en leur possession. Leur camp divisé en quartiers, en rues, en places publiques, n'a pas moins d'une lieue de circonférence, et le prince en occupe le centre. Ces tentes extrêmement elevées, et peintes de diverses couleurs, forment un spectacle très agréable. Elles sont composées d'une forte toile couverte de feutre en hiver, et impénétrables aux injures du temps. Les femmes logent dans de petites maisons de bois qui, en un instant, peuvent être abattues, chargées sur des chariots, et transportées dans un autre canton.

Il ne faut pas s'attendre à beaucoup de magnificence à la cour de ces barbares. Leur revenu ne consiste que dans la dîme des troupeaux, et de celle du butin que leurs sujets enlèvent aux ennemis pendant la guerre. Il y a deux dixièmes à payer chaque année ; l'un au souverain, l'autre au chef des tribus, ce qui fait le cinquième des revenus de la nation. Le khan des

Tartares peut mettre en campagne cent mille combattans. Les armes de ces peuples sont de grands arcs et de grandes flèches qu'ils tirent avec autant de vigueur que de justesse. Ils ont aussi des arquebuses de six pieds de long, dont le canon a plus d'un pouce d'épaisseur. Dans leurs marches, ils les portent suspendues ainsi que les carquois, derrière le dos, et les arcs au côté gauche, dans une espèce d'étui. Comme ils ne font la guerre qu'à cheval, ils ont presque tous des lances, des cottes-de-maille, et des calottes de fer.

Les Tartares ne vont point à la guerre sans emporter avec eux tout ce qu'ils possèdent, femmes, enfans et richesses. S'ils perdent une bataille, tout cela reste au pouvoir de l'ennemi vainqueur. Le soldat n'a point de paie, mais il a sa part dans la dépouille des vaincus. Comme ils n'ont besoin que de leur propre famille pour la garde de leurs troupeaux qui composent tout leur bien, ils ne cherchent pas à faire des esclaves, afin de ne pas se charger de bouches inutiles. Si le prince fait quelques prisonniers, il en retient quelques-uns pour son service, et distribue les autres à ses généraux.

Le pays soumis à la domination du grand khan des Tartares, est borné par trois des plus puissans empires du monde; au nord par la Russie; à l'orient par la Chine; et au midi par le Mogol. Il est séparé des deux premiers par des plaines désertes, et du troisième par des montagnes inaccessibles. Les troupes campent toute l'année, et changent de demeure suivant que le besoin ou le goût les y invite. Le prince est sans cesse environné de ses sujets, et les traite avec la même bonté, la même familiarité que ses enfans.

Les huttes des Tartares sont rondes, et composées de pièces de bois, entremêlées d'osier. Elles posent sur des chariots à quatre roues, au-de-là desquelles elles s'étendent de cinq pieds de chaque côté, et en ont environ trente de diamètre. Il faut, dit-on, douze bœufs pour traîner ces maisons mobiles; et une femme suffit pour conduire tout le train dans un pays plat et uni. Si le chemin devient raboteux, la marche n'en est pas moins sûre, parce que l'on ne va que le pas ordinaire des bœufs.

En arrangeant les maisons à terre, on a soin d'en tourner la porte à l'aspect du midi, et les coffres qui contiennent les ustensiles, et les objets plus ou moins précieux, restent sur des chariots des deux côtés de la hutte, à laquelle ils servent comme de clôture. Quand la cabane est placée, on met le lit du maître en face de la porte; les femmes occupent la gauche, les hommes la droite, et jamais on ne s'écarte de cet ordre. Au-dessus de l'endroit où se tiennent les hommes, on voit une image qui représente le dieu tutélaire de la famille. La principale épouse en attache une seconde près de son lit; celle-ci a une tétine de vache, et le visage tourné vers les servantes, pour les avertir de ne point négliger de traire ces animaux.

Les seigneurs tartares sont vêtus, dans la belle saison, de drap d'or et de riches étoffes de soie qui leur viennent de la Chine. En hiver, ils portent de riches fourrures qu'ils tirent des régions septentrionales. Ces habits consistent en deux robes qui les garantissent de la neige et du vent. Dans l'intérieur de leurs maisons ou de leurs tentes, ils ont des vêtemens plus légers. Le peuple se couvre de peaux de chiens et de chèvres. Les femmes ont un large bonnet rond et creux, fait d'écorce d'arbre, ou de quelque autre matière semblable, revêtue d'une étoffe de soie; au-dessus s'élève un cône carré, surmonté de quelques plumes de paon, et dont les côtés sont ornés de pierres précieuses. Pour assurer cette coiffure, elles l'attachent avec un ruban sous le menton. De loin on les prendrait pour autant de soldats armés de lances, dont la pointe s'élèverait au-dessus de leur casque.

Leurs robes presque semblables à celles des religieuses d'Europe, mais beaucoup plus amples, et ouvertes par devant, sont liées au-dessus des reins, avec une écharpe bleue, et vers le sein une autre écharpe de la même couleur. Elles sont naturellement grasses, et regardent comme une beauté d'avoir le nez très petit. Le sexe monte à cheval aussi hardiment et de la même manière que les hommes.

Un tartare ne peut se marier que quand il a le moyen d'acheter une femme. Lorsque le marché est conclu, la fille va se cacher dans quelque maison voisine; et si le mari la demande à son père, celui-ci répond : « Ma fille est à vous, vous êtes le maître de la prendre partout où vous la trouverez. » En vertu de ce droit, il la cherche dans les maisons où il soupçonne qu'elle peut être, et lorsqu'il l'a trouvée, il l'emmène comme une conquête.

A la naissance d'un enfant, on invite les devins ou les prêtres à s'expliquer sur sa destinée. On les appelle aussi dans les maladies, et dès qu'une personne est indisposée, on met à sa porte une marque qui indique qu'elle ne reçoit aucune visite. Si le malade meurt, on fait de grandes lamentations dans la famille, et ceux qui doivent en porter le deuil sont exempts d'impositions pendant l'année, et ne paient pas même de droit de succession. D'un autre côté, les personnes qui ont assisté à sa mort, ou qui se sont trouvées même par hasard dans sa maison, sont exclues, pour le même temps, de la présence du souverain. On laisse près du tombeau une des cabanes du défunt; et si c'est un homme de distinction, on y établit des gardes qui y logent.

Certains Kalmouks ne connaissent d'autre divinité qu'une idole grossière, faite de bois, et vêtue, comme nos arlequins, d'un habit de plusieurs couleurs. Elle est ordinairement enfermée dans une armoire, d'où on la tire quand on va à la chasse, en course ou à la guerre. Elle marche dans un traîneau particulier, et on lui sacrifie la première bête qu'on rencontre. Si la chasse est abondante, on place, au retour, l'idole dans sa niche, à l'endroit le plus élevé de la cabane, on la pare du haut en bas, devant, derrière et sur les côtés, des plus belles martres-zibelines que l'on a prises, et ces peaux restent jusqu'à ce que le temps les ait usées. Ce serait un crime que de les employer à des usages ordinaires ou de les vendre.

LETTRE X.

La Tartarie. — Karissim. — Urgens, sa capitale. — Les Usbecks. — La grande et la petite Bukharie. — Le Turkestan. — Samarcand. — Les Kirguis. — La Mer-Caspienne.

Les contrées de la grande Tartarie qui me restent à décrire passent pour les plus belles. Ce sont celles connues sous les noms de Karissim, d'Usbecks, de grande et petite Bukharie, etc. *Urgens*, capitale du *Karissim*, n'est qu'à vingt lieues de la Mer-Caspienne. Cette ville était très célèbre dans les siècles passés, mais depuis qu'un bras de la rivière d'Amou qui baignait ses murs, a pris un autre cours, elle a perdu toute sa splendeur. Sa circonférence est d'environ une lieue; ses murailles sont de briques cuites au soleil, et le fossé qui les environne est étroit et plein de ronces. Les édifices ne sont que de mauvaises cabanes de terre, et de son ancien château, il ne reste plus rien d'habitable. Les mosquées ne paraissent pas en meilleur état, car l'inclination des Tartares les porte moins à conserver qu'à détruire. L'unique endroit de la ville qu'ils aient soin d'entretenir, est une rue qui en fait le centre; le milieu, où se tient le marché, est couvert d'un bout à l'autre, pour mettre les gens à l'abri de la pluie.

Le changement du cours de la rivière a fait déserter le plus grand nombre des habitans, et a répandu la stérilité dans un territoire fertile. Quoique sa situation soit commode pour le commerce, il y est à présent peu considérable, les marchands n'y trouvant aucune sûreté parmi les Tartares mahométans, plus adonnés au vol et au pillage que les idolâtres. Les droits ordinaires ne sont que de trois pour cent, mais les exactions vont souvent plus loin que la valeur des marchandises.

Les autres villes du Karissim sont peu dignes de ce nom ; on n'y voit que de misérables cabanes bâties de terre, habitées par les Turcomans et les Tartares Usbecks. Les premiers tirent leur origine du Turkestan d'où quelques-uns croient qu'est sortie la branche ottomane qui règne en Turquie. Les Turcomans quittèrent leur pays vers la fin du onzième siècle, dans la vue de chercher fortune ailleurs, et vinrent s'établir sur la rivière d'Amou, que les anciens nommaient *Oxus*, aux environs de la Mer-Caspienne. Ces peuples sont grands et robustes, ont le visage plat et carré, et le teint brun. Pendant l'été, ils portent de longues robes d'étoffe légère, et campent dans les lieux qui leur offrent de l'eau et des pâturages. En hiver, ils se couvrent de peaux de mouton, et habitent les villages et les villes. Leur religion est le mahométisme, mais ils ne la suivent que d'une manière très relâchée. En général, ils sont d'un caractère turbulent, et ce n'est pas sans peine qu'ils supportent le joug des Tartares. Comme ils leur sont soumis par droit de conquête, ils leur paient un tribut, et d'autres impositions, auxquelles, sans doute, il faut attribuer la haine implacable qu'ils portent à leurs maîtres.

Le *Turkestan*, d'où ces peuples sont sortis, a pour capitale une ville du même nom, située près de la rivière de Sir. Cette rivière se jette dans le lac d'Arac ou des Aigles, qui a presque la même forme que la Mer-Caspienne, et environ le quart de sa longueur. C'est un des plus grands lacs de l'Asie septentrionale. On lui donne au moins trente lieues du nord au midi, et quinze de l'orient à l'occident. Ses eaux salées nourrissent les mêmes espèces de poissons que celles qui se trouvent dans la Mer-Caspienne. Elles ne débordent jamais, quoiqu'elles reçoivent celles du Sir, du Kesel et de plusieurs autres. Les habitans conduisent en été l'eau du lac, par de petits canaux, dans des plaines sablonneuses, et lorsque les parties humides viennent à sécher, il reste sur la surface des terres une croûte de sel cristallin qui fournit aux besoins de tout le pays.

Quoique la ville de *Turkestan* soit bâtie de briques, c'est une place assez triste et qui n'a de remarquable que la beauté de sa situation. Les peuples de cette province sont des brigands qui n'ont d'autres fonds pour subsister que ce qu'ils enlèvent aux Kalmouks et aux Russes. Ils passent les montagnes en troupes nombreuses, s'associent aux Tartares mahométans, pour pousser leurs courses jusqu'en Sibérie. Leur usage est d'habiter dans les villes, l'hiver, mais en été, ils campent sur les bords de la Mer-Caspienne et du lac des Aigles. Ils ont le sabre, l'arc et la lance ; mais ils n'ont point d'armes à feu.

Les femmes sont grandes et bien faites; elles ont la face plate et large, et cependant ne manquent pas d'agrément. Leur vêtement ressemble, à peu près, à celui de leurs voisines les Kalmoukes, excepté qu'elles portent des bonnets pointus repliés du côté droit. Les hommes sont toujours à cheval, et lorsqu'ils ne s'occupent pas de leurs brigandages, la chasse est leur unique exercice. Ils abandonnent aux femmes et aux esclaves le soin de leurs troupeaux et de leurs habitations, et ne labourent la terre qu'autant que leurs besoins le demandent.

Il leur arrive souvent d'être maltraités dans leurs expéditions, et ce qu'ils dérobent n'égale pas ce qu'ils pourraient recueillir dans leurs propres champs, s'ils étaient capables de les cultiver. Mais ils aiment mieux s'exposer aux dangers, et vivre de pillage, que de s'attacher au travail, et mener une vie douce et tranquille. Ils vendent aux Persans, aux Arméniens, aux Indiens, les esclaves qu'ils font dans le Karissim et dans la Russie, et n'en retiennent que ce qui est nécessaire pour la garde de leurs bestiaux, se réservant néanmoins toutes les jeunes filles qu'ils enlèvent en Sibérie. Quoiqu'ils fassent profession du mahométisme, ils n'ont ni prêtres ni mosquées; mais ils sont continuellement en guerre avec les payens du voisinage. Le nom d'Usbecks, qui se donne indifféremment aux Tartares du Karissim et à ceux de la Bucharie, leur vient d'un de leurs premiers khans. L'usage de s'appeler comme le souverain pour lui témoigner plus d'affection, a toujours été observé parmi les habitans de ces contrées, et les noms de *Mongols* et de *Tartares* n'ont pas eu d'autre origine.

Les mœurs des Usbecks se rapprochent assez de celles des *Turcomans*, avec cette différence que ceux-ci vivent de leurs troupeaux, et les autres de rapine. Ils font des incursions continuelles sur les terres de leurs voisins, et principalement en Perse. Les traités sont un frein trop faible pour les contenir, parce que les esclaves et le butin qu'ils enlèvent font toute leur richesse. Quoiqu'il se trouve d'excellens pâturages en divers endroits du pays, et spécialement vers les bords du Kesel et de la rivière de Sir, ils y conduisent rarement leurs bestiaux, parce qu'il n'y a rien à piller, et que les habitans sont aussi exercés qu'eux à ce même genre de vie. D'ailleurs les Tartares mahométans ne se chagrinent pas mutuellement par des incursions, à moins qu'ils ne soient en guerre ouverte. A l'égard des Kalmouks qui bordent ce pays, leur usage est de s'éloigner des frontières au commencement de l'été, pour n'être pas exposés aux courses de ces dangereux voisins. Ils n'y retournent qu'à l'entrée de l'hiver, lorsque les pluies et les neiges rendent les chemins impraticables.

Les Usbecks se servent d'oiseaux de proie pour la chasse des chevaux sauvages. Ils les accoutument à prendre l'animal par la tête, ou par le cou; et tandis qu'ils le fatiguent sans qu'il puisse leur faire quitter prise, les chasseurs, qui ne perdent pas leur proie de vue, s'approchent de la bête, et la tuent facilement.

Tout ce grand pays ne produit point d'autre herbe qu'une sorte de bruyère, dont les troupeaux ne laissent pas de s'engraisser. On n'y laboure point la terre, et l'on n'y fait jamais de pain. Les habitans aiment mieux la viande qu'ils coupent en petits morceaux, et qu'ils mangent à pleine main. Leur boisson ordinaire est le lait de jument. Leur vie se passe dans l'oisiveté; ils se tiennent assis en grand nombre au milieu des champs, et s'amusent à discourir.

Ils sont gouvernés par plusieurs princes de la même race, dont l'un néanmoins prend le titre de khan, avec une sorte d'autorité qui n'a que son habileté pour règle et pour mesure. Sa résidence est dans la ville d'Urgens en hiver, mais en été, il campe plus volontiers sur les bords de l'Amou. Lorsqu'un de ces chefs est en guerre avec un autre, s'il est vaincu, sans perdre la vie, il se retire dans un désert, avec ses troupes, et vit de pillage, en attendant que ses forces lui permettent de prendre sa revanche. Les Turcomans étant toujours en opposition avec les Usbecks, cette jalousie est une occasion continuelle de querelles, d'où naissent les troubles qui agitent sans cesse le Karissim.

Ce pays était anciennement sous la domination de la Perse; les Arabes en devinrent les maîtres, et il tomba ensuite sous la domination de Gengis-Kan. Tamerlan en fit la conquête; mais les Persans le reprirent une seconde fois. Ils le gardèrent peu de temps; les habitans appelèrent les Usbecks, qui le possèdent encore aujourd'hui.

Non loin de ce royaume est la grande Bukharie, où se trouvent les villes de Bokkara, de Samarcand et de Balk. La première est fort grande; ses murs sont de terre et assez élevés; elle a un chateau où le khan fait sa résidence ordinaire. Ici, comme dans toutes les villes de la Tartarie, les maisons sont de la plus pauvre apparence, mais les édifices paraissent assez bien bâtis. On y voit de belles mosquées, des caravenserais, et plusieurs colléges, parmi lesquels on remarque le *Kokul-Taush*, où l'on compte trois cents appartemens pour les étudians en lois et en théologie mahométanes.

Le commerce de la Bukharie se fait avec les Persans et les Moscovites; les premiers apportent des colliers, des étoffes de soie, des merceries, qu'ils échangent contre des esclaves. Pour ces mêmes marchandises de Perse, les Russes donnent des cuirs rouges, des peaux de moutons, des ustensiles de bois, etc. Quoique la situation de Bokara soit très favorable pour trafiquer avec ces deux pays, il y vient peu de marchands étrangers, parce qu'ils y sont exposés à des oppressions continuelles. C'est pourtant de là que la Perse et le Mogol tirent toutes sortes de fruits secs, renommés pour le parfum.

La fameuse ville de *Samarcand* a beaucoup perdu de son ancienne magnificence. Elle a été la capitale de l'empire de Tamerlan. Quoique bien déchue de sa splendeur première, elle ne laisse pas d'être encore aujourd'hui fort considérable et très peuplée. Il y a une académie des sciences, la plus célèbre et la plus fréquentée de tous les pays mahométans. On y va faire ses études de toutes les parties de la Perse, du Mogol et de la Turquie.

Le terroir des environs de cette ville produit des fruits excellens. On vante surtout ses melons, ainsi que ceux de Karissim. Ces derniers se conservent long-temps et se transportent à Astracan et à Pétersbourg, pour la cour de Russie. Au milieu de l'hiver, ils ont le même goût que dans leur saison. Leur forme est ronde, leur couleur verte en dehors, et leur chair un peu plus foncée que celle des melons ordinaires. Tout se mange, à l'exception de l'écorce et de la graine ; et quoique excessivement froids ils ne font jamais de mal. L'usage est de les prendre verts, et de les laisser mûrir quand ils sont cueillis.

C'est à Samarcand que se fabrique le meilleur papier de soie de toute l'Asie. Une petite rivière qui traverse la ville et se jette dans l'Amou pourrait être d'une très grande utilité pour les habitans, par les communications qu'elle donnerait avec les pays voisins, s'ils savaient en tirer parti. Mais pour faire fleurir le commerce dans cette ville, il faudrait d'autres chefs que des Tartares. Ses fortifications sont de gros boulevards de terre, et ses maisons ressemblent à celles de Bokara.

Balk, la plus considérable de toutes les

villes possédées par les Tartares non mahométans, grande, belle et bien peuplée, fait aujourd'hui partie du royaume de Caboul; la plupart de ses bâtimens sont de pierre ou de brique. Le chateau du khan est un grand édifice à l'orientale, bâti presque entièrement d'un marbre qui se tire d'une montagne voisine. Comme les étrangers jouissent d'une pleine liberté dans cette ville, elle est devenue le centre du commerce qui se fait entre la Bukharie et les Indes. La belle rivière qui traverse les faubourgs y contribue également, sans compter que le droit sur les marchandises est très léger, et que celles qui ne font que passer ne paient rien.

On distingue trois nations dans la grande Bukharie: les Bukhariens, ou anciens habitans du pays; les Mongols, qui s'y établirent sous les successeurs de Gengis-Kan; et les Tartares-Usbecks, qui sont aujourd'hui en possession du gouvernement.

Les Bukhariens sont d'une taille ordinaire, mais bien prise; ils ont le teint fort blanc, pour le climat, les yeux grands, bruns et pleins de feu, le nez aquilin, les cheveux et les sourcils noirs, la barbe épaisse, et n'ont rien qui tienne de la difformité des autres Tartares. Leurs femmes, généralement assez grandes et bien faites, ont le teint et les traits également beaux. Les deux sexes mettent des chemises et des hauts-de-chausses de calicot. Les hommes ont par-dessus un caffetan ou veste de soie qui leur descend jusqu'à la jambe, avec un bonnet rond de drap à la polonaise, bordé d'une large fourrure. Quelques-uns portent le turban comme les Turcs, et lient leur caffetan avec une ceinture, faite d'une espèce de crêpe de soie, qui leur passe plusieurs fois autour du corps. Lorsqu'ils sortent de leur maison, ils sont couverts d'un habit fourré. Leurs bottines ressemblent à celles des Persans; ils les font de cuir de cheval, et les préparent d'une façon qui leur est particulière. Les robes des femmes sont amples, et flottent librement autour d'elles. Sur leur tête est un betit bonnet plat qui laisse tomber par derrière leurs cheveux en tresse, ornés de perles et de pierreries.

Les Bukhariens font profession de la religion mahométane, suivant les principes des Turcs, dont ils ne diffèrent que par quelques cérémonies. Ils tirent leur subsistance des arts mécaniques ou du commerce, que les Mongols et les Tartares-Usbeck leur abandonnent; mais comme il leur vient peu de marchands étrangers, surtout dans les cantons où les Tartares mahométans donnent la loi, ils vont en foule à la Chine, aux Indes, en Perse et dans la Sibérie, d'où ils reviennent avec un profit considérable. Ils ne se mêlent jamais de guerre, et toute leur attention se borne à leurs affaires propres. Ils paient régulièrement, pour chaque ville ou village qu'ils habitent, un tribut annuel aux Mongols et aux Usbecks, qui, ainsi que je l'ai dit, sont les souverains du pays. Cet assujétissement les fait mépriser des Tartares mêmes, qui les traitent de nation vile et usurière, à peu près comme on regardait anciennement les Juifs, dont on croit que les Bukhariens tirent leur origine.

Les Mongols établis dans la Bukharie n'offrent rien dans leurs usages qui les distingue des Eleuths; si l'on en excepte la religion, qui est celle de Mahomet, et l'amour du pillage, que connaissent peu les Tartares idolâtres.

A l'égard des Usbecks, ils diffèrent en plusieurs points de ceux du Karissim. Ils passent en général pour les plus civilisés de tous les Tartares mahométans, quoiqu'ils ne soient ni moins voleurs, ni moins livrés au brigandage. Leur habillement est à peu près le même que celui des Persans; mais ils le portent avec moins de grace. Leurs chefs ornent le turban d'une plume de héron. Le pilau, qui n'est que du riz bouilli à la manière des Turcs, et la chair de cheval, sont leur nourriture ordinaire. La boisson dont ils font le plus d'usage est une liqueur faite du lait de jument. Leur langue est un mélange de turc, de persan et de mongol, et leurs armes sont comme celles des autres Tartares.

Les Usbecks se piquent d'être les plus forts et les plus braves de leur nation, et passent en effet pour tels dans toute cette partie de l'Orient. Leurs femmes aspirent aussi à la gloire du courage militaire; elles vont à la guerre avec leurs maris, et ne redoutent ni les dangers ni la mort. La plupart sont bien faites, et ne manquent pas d'agrément; il y en a même qui passeraient pour des beautés parfaites dans tous les pays.

Ces peuples sont continuellement en guerre avec les Persans, parce que les belles plaines du Khorasan favorisent leurs incursions. Il ne leur est pas si facile de pénétrer dans les états du Grand-Mogol, dont ils sont séparés par des montagnes inaccessibles à leur cavalerie, et qui d'ailleurs sont aujourd'hui en la possession des Anglais, qui les recevraient à coups de canon. Les chevaux tartares, malgré leur peu d'apparence, et leur maigreur effrayante, sont fort légers et très vites à la course, et presque infatigables. On les nourrit à peu de frais; l'herbe la plus commune, et même un peu de mousse leur suffit dans les occasions pressantes. Ce sont les meilleurs chevaux de l'univers pour l'usage qu'en font les peuples de cette région.

Je ne sais pas pourquoi on donne le nom de *petite Bukharie* à un pays qui a beaucoup plus d'étendue que la grande; c'est apparemment parce qu'elle lui est inférieure quant au nombre et à la beauté des villes, à la bonté du terroir, et à la multitude des habitans. *Kashgar* en était autrefois la capitale, mais elle est fort déchue depuis que les Kalmoucks en sont en possession. *Yurkand* est aujourd'hui la première ville de cet état. On y voit un château où le khan vient passer quelques mois, lorsqu'il croit sa présence nécessaire. Comme cette place est le centre du commerce entre les Indes et le nord de l'Asie, la Sibérie et le Thibet, entre la grande Bukharie et la Chine, elle est fort riche et fort peuplée. Les naturels du pays sont beaux, bien faits, et ne manquent ni d'esprit, ni de politesse. Ils ont beaucoup d'inclination pour le négoce, et une extrême avidité pour le gain. Traiter avec eux sans précaution, c'est s'exposer à être dupe.

L'habillement des hommes diffère peu de celui des Tartares ; leurs robes, dont les manches sont larges vers les épaules, et serrées autour du coude, descendent jusqu'au milieu de la jambe. L'habit des femmes est à peu près le même que celui des hommes, avec des pendans d'oreilles qui tombent jusque sur les épaules. Elles divisent leur chevelure en tresses qu'elles alongent avec des rubans, et de grandes touffes d'argent et de soie qui pendent sur les talons. Trois autres touffes moins grosses leur couvrent la gorge ; elles ont outre cela des colliers ornés de perles et de petites monnaies, et d'autres bijoux dorés ou argentés qui leur donnent beaucoup d'éclat.

Les femmes, comme les hommes, portent des hauts-de-chausses fort étroits, et des bottes légères de cuir de Russie sans talons, ni semelles. La chaussure des pieds est une sorte de galoches, ou de sandales turques avec des talons fort élevés. Les bonnets sont aussi les mêmes pour les deux sexes, excepté que les femmes, et surtout les jeunes filles, enrichissent les leurs de divers ornemens, tels que des pièces d'argent ou des perles chinoises. On connaît les personnes mariées à une longue bande de toile qu'elles ont sur leur coiffure, et qui, roulée autour du col, forme par derrière un grand nœud, dont un des bouts va jusqu'à la ceinture.

Les maisons des Bukhariens sont de pierre, assez bien bâties, mais mal meublées. On n'y voit ni chaises, ni tables, ni autres objets de commodité et d'agrément. Il n'y a que quelques coffres de la Chine, garnis de fer, sur lesquels ils placent, pendant le jour, leurs matelas couverts d'un tapis. Ils sont cependant d'une extrême propreté, surtout pour la nourriture, qu'ils font préparer sous leurs yeux par des esclaves achetés ou enlevés aux Russes. Ils ont quantité de pots et de chaudrons de fer, rangés près de la cheminée. Les autres ustensiles sont quelques plats de faïence ou de porcelaine, et diverses sortes de vaisseaux de cuivre, pour faire bouillir le thé, ou chauffer l'eau dont ils se lavent. Une pièce de calicot leur sert de serviette et de nappe. Ils n'ont ni couteaux, ni fourchettes; on leur présente les viandes toutes coupées.

Les mets les plus considérables sont de la viande hachée, dont ils font des pâtés en forme de croissant. C'est une provision dont ils se nourrissent dans les voyages, surtout pendant l'hiver. Après les avoir fait un peu durcir à la gelée, ils les transportent dans un sac, et lorsque le besoin de manger les presse, ils en font de la soupe. Ils n'ont guère d'autre boisson qu'une espèce de thé noir qu'ils préparent avec du lait, du sel et du beurre.

Les Bukhariens achètent leurs femmes à prix d'argent, et les paient plus ou moins cher, suivant qu'elles sont plus ou moins belles. Aussi le moyen le plus prompt de s'enrichir, est d'avoir un grand nombre de jolies filles. La loi défend aux personnes qui doivent se marier, de se parler et de se voir depuis le jour du contrat jusqu'à celui de la célébration. Les réjouissances de la noce consistent en festins qui durent trois jours. La veille du mariage, une troupe de filles s'assemble le soir chez la fiancée, et toute la nuit se passe en chants et en danses. Le lendemain, la même assemblée revient au même lieu, et s'occupe à parer l'épouse pour la cérémonie. Le jeune homme paraît bientôt accompagné de ses parens et de ses amis, et suivi de plusieurs musiciens. Dès qu'il arrive, on commence une course de chevaux, pour laquelle il distribue des prix proportionnés à ses moyens; ce sont ordinairement des sabres, des peaux de martres et de renards, des calicots, etc.

Les nouveaux époux se marient sans se voir; mais ils répondent, chacun de leur côté, aux questions que leur fait le prêtre. Ensuite le mari retourne à sa maison dans le même ordre qu'il en est sorti. Il régale toute la compagnie, et après le repas, il se rend chez son épouse où ils ont la liberté de se parler. Il la quitte encore pour y retourner le soir. La trouvant au lit, il se couche à côté d'elle, tout habillé, en présence d'autres femmes, mais ce n'est que pour quelques momens. Cette farce se renouvelle pendant trois jours, après lesquels il entre dans tous les droits de l'hymen. Le lendemain il emmène chez lui la nouvelle mariée.

Les quarante jours qui suivent l'accouchement passent pour un temps impur, pendant lequel la loi interdit aux femmes jusqu'aux prières de la religion. L'enfant est nommé trois jours après sa naissance, et circoncis à l'âge de sept à huit ans, avec des fêtes et des cérémonies particulières.

La polygamie, chez les Bukhariens, est regardée comme un péché. Un homme a la liberté de renvoyer sa femme, en lui laissant toutefois ce qu'elle a reçu. Mais si c'est elle qui prend le parti de se séparer, elle n'emporte rien de ce qu'elle possédait.

La médecine n'est pas en grande considération dans la petite Bukharie, et les prêtres ont en général plus de crédit que les médecins. Lorsqu'un homme tombe malade, le molla vient lui lire un passage de l'Alcoran, souffle sur lui plusieurs fois, et fait voltiger plusieurs fois un couteau autour de ses joues. Le peuple est persuadé que cette opération coupe la racine du mal. Si le malade meurt, ce prêtre lui met sur la poitrine le livre de la loi, et récite quelques prières, pendant qu'on enferme le corps dans un cercueil. On l'enterre ensuite dans quelque bois agréable, et l'on environne le tombeau d'une palissade ou d'une haie.

Le mahométisme est, chez ce peuple, la religion dominante; néanmoins les autres cultes jouissent d'une pleine liberté, parce que les Kalmouks idolâtres, qui sont les maîtres du pays, n'ont pas l'esprit d'imaginer qu'il soit permis d'employer la force pour établir la croyance. C'est un péché, dans les principes des Bukhariens, de dire que Dieu est au ciel. Ils prétendent qu'étant partout, c'est déshonorer son immensité, que de borner sa présence.

Ils ont tous les ans un jeûne de trente jours pendant lequel ils ne commencent à prendre de la nourriture que le soir; mais ils mangent deux fois dans le cours de la nuit, sans boire autre chose que du thé. Ceux qui transgressent cette loi, sont obligés ou de mettre en liberté le meilleur de leurs esclaves, ou de donner un festin à trente personnes, sans compter les quatre-vingts coups de fouet que le grand prêtre leur fait appliquer sur le dos avec une lanière de cuir. Mais dans ce pays, comme ailleurs, on obtient aisément des dispenses, et il est rare que l'on en vienne à ces exécutions. Les artisans surtout ont la permission de manger une fois pendant le jour.

Les princes kalmouks, vainqueurs de la petite Bukharie, y ont établi des magistrats subordonnés l'un à l'autre. Ceux du dernier rang ont l'inspection sur dix familles. L'ordre qui est immédiatement au-dessus en commande cent, et les premiers en gouvernent mille. Ils dépendent tous d'un chef général que le khan choisit entre les anciens nobles du pays. Ces magistrats décident de tous les différends qui naissent entre ses sujets, et sont obligés de faire leurs rapports aux juges supérieurs.

Les Bukhariens n'ont pas d'autre monnaie que quelques pièces de cuivre. S'ils ont une somme considérable à recevoir ou à donner, en or ou en argent, ils la pèsent à la manière des Chinois.

Je ne dois pas oublier de vous parler des *Kirguis* qui occupent, dans la Tartarie, un vaste territoire. Les frontières entre ces nomades et leurs voisins, les Chinois et les Russes, ne sont pas déterminées d'une manière bien positive. Ce peuple est divisé en trois hordes; petite, moyenne et grande. La *petite horde* vit entre le Jaik, la mer d'Aral et les environs d'Orembourg; La *horde moyenne* erre au nord du lac Aral jusqu'au fleuve Saras, au sud-est; elle campe souvent au-delà des monts Algy-dim-Schalo, dans le steppe d'Issim. Les Russes comprennent dans leurs cartes tout cet espace dans les limites de leur empire, mais ce n'est qu'une souveraineté nominale. La *grande horde* étend sa domination au sud-est du lac Aral, sur les bords des rivières de Sarazou et de Sir, et jusqu'à la ville de Taschkent.

Ce pays n'offre qu'une suite de dunes ou de montagnes sablonneuses, mêlées de collines d'argile, et coupées par de vastes plaines salines, où plusieurs rivières se perdent dans les sables, ou dans les marais et lacs salans. Il y règne, pendant l'hiver, un vent de nord très impétueux, accompagné de neige, d'un froid excessif, et de tourbillons si violens, qu'ils élèvent des colonnes de poussière à la hauteur de trente pieds; cependant la neige n'y séjourne que très peu de temps, du moins dans les environs des bords de la Mer-Caspienne.

Un lac salé connu sous le nom d'Indersk, près des rives du fleuve Ural ou Jaïk, peut être considéré comme une merveille de la nature. C'est une flaque d'eau de quatre-vingts werstes de circonférence, tellement imprégnée de sel, que la surface en paraît toute blanche. Des sources salées y portent constamment de nouveaux alimens; les brouillards qui s'en élèvent sont chargés de particules de sel; les rivages présentent un mélange étonnant de couches argileuses et marneuses, d'écailles d'huître, de cristaux, d'alun et de soufre.

Les plantes salines dominent dans cette contrée stérile; cependant le long des rivières, il croît diverses espèces d'arbres, il y a des vallées et des bas-fonds très agréables en été. Les pâturages sont aussi très étendus, et ils doivent l'être pour nourrir la multitude de chevaux, de chameaux, de brebis, de chèvres, et autres espèces de bétail que possèdent les Kirguis, et qui sont leur principale richesse. On nous a assuré que des individus de la moyenne horde possédaient jusqu'à dix mille chevaux, trois ou quatre mille brebis, et plus de deux mille chèvres. Les dromadaires, qu'ils tondent tous les ans comme les brebis, fournissent une quantité de poils laineux que les Russes ou les Bukhariens achètent. Les Kirguis font leur nourriture ordinaire de l'espèce de mouton à large queue; et l'agneau y est d'un goût si délicat, qu'on l'envoie d'Orembourg à Pétersbourg pour les tables du prince.

Les steppes ou plaines fournissent beaucoup de gibier, des loups, des renards, des blaireaux, des hermines, des belettes, des marmottes. Dans les montagnes du sud et de l'est, on voit errer les brebis sauvages, le bœuf du Thibet ou le yak, les chakals, les chamois, des animaux qui ont quelque ressemblance avec le tigre, les kulans ou ânes sauvages, l'antelope saiga et le takia ou cheval sauvage. Les Kirguis ont dressé, à la chasse, des aigles de l'espèce nommée en russe *berkut*. Dans les vastes marécages on voit fourmiller les oies, les canards et d'autres oiseaux aquatiques. On y voit des serpens blancs de la longueur de plus d'une toise, et dont l'aspect est effrayant; mais les gens du pays nous ont dit que ces reptiles ne font aucun mal. L'animal qu'ils craignent le plus est une espèce d'araignée venimeuse, noire, velue, qui a huit yeux, et qui est de la grosseur d'une noix.

Les Kirguis ont les traits communs aux Tartares, le nez écrasé et les yeux petits, mais non pas obliques, comme les Mongols et les Chinois. Une vie frugale et tranquille leur procure une longue et fraîche vieillesse. Leurs maladies ordinaires sont les fièvres intermittentes, les rhumes, l'asthme, et la maladie vénérienne qui est fort répandus parmi eux. Mais la maladie qu'ils redoutent davantage est la petite vérole, qui y est extrêmement dangereuse.

La langue de ces peuples est un dialecte du tartare, que les autres Tartares entendent parfaitement; mais leur prononciation est forte, et ils aiment le style allégorique. Les princes héréditaires des Kirguis ont peu de pouvoir; tout se décide en assemblée générale. Les deux hordes, *petite* et *moyenne*, jurent fidélité à l'empereur de Russie, par leurs députés; mais ils ne se reconnaissent point pour cela comme ses sujets, et ne lui paient aucun tribut. La Russie, au contraire, leur fait de petits présens annuels. Les caravanes de Bukharie, de Khiva, et de Taskund paient un droit de transit pour passer à travers les terres des Kirguis, ou Kirghis, qui leur fournissent une escorte.

Les contrées arrosées par le Sir sont pour les Kirguis des lieux de délices. Ils trouvent leur bonheur, dans la possession de ce beau fleuve, et se plaisent à passer l'hiver sur ses bords avec leurs troupeaux. Le murmure des eaux du Sir, dont le courant est extrêmement rapide, semble contribuer à entretenir leur disposition naturelle à la mélancolie. Si l'on en croit les relations de quelques voyageurs, un Kirguis passe souvent des nuits entières, assis sur une pierre, à contempler la lune et à chanter, sur des airs assez tristes, des paroles qui ne le sont pas moins.

Les Kirguis sont, par caractère, enclins à la paresse; ils ont de la répugnance pour le travail, et même pour le simple exercice; aussi se bornent-ils à garder leurs troupeaux. C'est là le seul objet dont ils s'occupent, et tout ce qui exige de l'activité ou peut donner de la peine, est le partage des femmes. Ce sont elles qui font les habits, préparent les alimens, sellent le cheval, et sont chargées de toute besogne qui, ailleurs, et même dans les pays à demi civilisés, se fait communément par les hommes.

Ce pays n'est point peuplé en proportion de son étendue. La population de la horde moyenne et de la petite est évaluée à trente mille familles pour chacune. On suppose que la grande horde en a le double, ce qui, en admettant dix personnes par famille, ne fournirait que un million deux cent mille ames dans cette région immense. Libres de tout joug despotique et pourvus en abondance de toutes les nécessités de la vie, les Kirguis mènent une vie beaucoup plus agréable que l'on ne croit communément. La chair de leurs moutons et le lait de leurs jumens les nourrissent et les abreuvent. La lance et le fusil à mêche sur le bras, ils pillent toutes les contrées voisines. Ils ne sont point sanguinaires, mais ils mettent dans leur brigandage, une adresse qui, dit-on, déconcerte les garnisons russes. Ils aiment surtout à enlever les femmes Kalmoukes, parce qu'elles conservent long-temps les attraits de la jeunesse.

Ces infatigables brigands se regardent entre eux comme des frères; ils se font servir par les esclaves pris dans leurs incursions. Ils portent l'habit tartare, un large caleçon, des bottes pointues, la tête rasée et couverte d'un bonnet qui a la forme d'un cône. Les harnais de leurs chevaux sont couverts de riches ornemens. Les femmes se coiffent avec des cous de hérons arrangés en façon de cornes. Les Kirguis, chevaliers sauvages, aiment les jeux, les exercices, les courses à cheval. Dans les funérailles des riches, l'héritier distribue des esclaves, des chameaux, des chevaux, des harnais et d'autres prix aux vainqueurs dans la course à cheval. Ils passent des rivières sur des ponts formés de nattes de jonc roulées, et réunies par des cordes tendues. La poudre à fusil blanche, dont ils cachent la fabrication, paraît un objet digne des recherches de la chimie.

Ces peuples font quelque commerce avec les Russes. La ville d'Orembourg en est l'entrepôt ordinaire. La horde moyenne va jusqu'à Oursk en Sibérie. On évalue jusqu'à cent cinquante mille le nombre de brebis qu'ils conduisent tous les ans à Orembourg. Ils fournissent en outre une grande quantité de chevaux, de bétail, d'agneaux, de pelleteries, de poils de chameau et de camelots. Quelquefois ils amènent des esclaves Persans ou Turcomanes. Ils prennent en échange des ouvrages manufacturés, surtout des draps et des meubles. La Russie leur refuse des armes et des cottes de maille; mais ils s'en procurent en Bukharie et à Khiva, en échange de chameaux et de bétail.

Du reste, rien n'est plus singulier, on pourrait dire plus plaisant, que la manière dont les marchés se font entre eux et les Russes. Lorsqu'ils amènent leur bétail et leurs fourrures pour les vendre à Orembourg, le Russe les entraîne dans sa boutique, étale les marchandises qu'il se propose d'offrir en échange, sert l'eau-de-vie, et embrasse son hôte qui, en buvant, a l'air de tout voir avec indifférence. Mais bientôt on s'empare de son fouet, on lui en applique une douzaine de coups sur les épaules. Cette opération comique le réveille, sont front se déride, il sourit, et s'empresse de conclure le marché, qui n'est pas toujours à son avantage.

Je terminerai cette lettre par quelques détails sur la Mer-Caspienne sur les bords de laquelle je me suis quelquefois promené avec mon compagnon de voyage. Cette mer a quelque chose d'extraordinaire et d'admirable, c'est d'être toujours également resserrée dans les bornes que la Providence lui a prescrites, sans que la multitude des rivières qu'elle reçoit, et qui devraient la grossir d'une manière sensible, lui fasse jamais transgresser ses limites.

Cette obéissance respectueuse embarrasse nos géographes, qui ne savent quel parti prendre à l'égard de la communication que doit avoir cette mer avec les autres, qu'elle enrichit de ce qu'elle a de trop. Depuis qu'elle reçoit les eaux de tant de fleuves, il est évident qu'elle aurait dû inonder toute la Perse, et même l'Asie entière, si elle ne se déchargeait par divers canaux, à mesure qu'elle grossit par le cours des rivières qui se rassemblent dans son sein. La difficulté est de savoir sous quels pays coulent ces canaux, et avec quelle mer elle communique; il y a là-dessus plusieurs opinions que j'ai entendu discuter par plusieurs docteurs de l'académie de Samarcande.

Les uns soutiennent que cette décharge se fait sous la Géorgie dans la Mer-Noire, et fondent ce sentiment 1° sur le peu de distance qu'il y a d'une mer à l'autre; 2° sur les courans que l'on remarque dans le Pont-Euxin, et qui sont poussés d'orient en occident, principalement sur celui du détroit de Constantinople. La mer Noire, enflée par cette prodigieuse quantité d'eau que la Mer-Caspienne lui envoie sous terre, est elle-même obligée de se décharger par ce canal dans la mer de Marmara. Ce système, d'ailleurs, aide à expliquer pourquoi, dans le Pont-Euxin, les agitations sont plus continuelles, et le mouvement des flots plus violent que dans toute autre mer.

D'autres prétendent que la mer Caspienne se vide sous la Perse, et communique, par un chemin de quatre cents lieues sous terre, avec l'Océan des Indes, vers le golfe persique. Voici les raisons qu'ils en apportent.

1°Dans toute la Perse, il pleut rarement, et où il y a peu de rivières, on trouve de l'eau, pour peu qu'on creuse la terre, et cette eau est même un peu salée; on en boit cependant et l'on s'y accoutume. En plusieurs endroits, il est assez ordinaire de voir la terre couverte et blanche de salpêtre, et le sel y est si commun qu'il ne coûte presque rien.

2° Dans ces mêmes pays, il y a des campagnes entières désertes et sans culture, parce qu'elles sont toujours couvertes d'un pied d'eau, et cette eau ne peut venir que de dessous la terre, car il n'y a ni ruisseau, ni fontaine, ni source, dans le voisinage, et les pluies y sont très rares.

3° Dans les lieux secs, les Persans trouvent de l'eau en abondance, en creusant la terre au penchant d'une colline, et sur-le-champ il se forme un puits. Ils en font un second à vingt pas au-dessous, et, ôtant la terre qui est entre les deux, ils en facilitent la communication. Un troisième puits qu'ils creusent ensuite, et qu'ils réunissent par l'enlèvement des terres, forme un ruisseau. Ils continuent, en suivant toujours la pente du terrain, jusqu'à ce que le dernier puits, qui est presque au niveau de la campagne, fasse avec les autres un grand réservoir qui se répand dans le champ par plusieurs rigoles. A peine ont-ils creusé ces puits qu'on y trouve des poissons d'une grosseur médiocre. Ils sont fades et insipides par le long séjour qu'ils ont fait sous la terre, où ils ont été entraînés par les décharges de la Mer-Caspienne.

4° Les personnes qui habitent le long du golfe persique aperçoivent, tous les ans, à la fin de l'automne, une grande quantité de feuilles de saule ; comme cette espèce d'arbre est tout-à-fait inconnue dans cette partie de la Perse, tandis que les bords de la Mer-Caspienne en sont tous bordés, on peut croire, sans choquer la vraisemblance, que ces feuilles n'ont été portées d'une extrémité de la Perse à l'autre, que par des eaux qui les ont entraînées dans des canaux souterrains.

Mais l'opinion la plus commune est que cette mer n'a aucune communication avec d'autres, et que la seule évaporation, dans un climat si chaud, lui fait perdre autant d'eau qu'elle en reçoit des rivières qui s'y jettent. C'est ainsi sans doute que l'Océan, dont les bornes sont aussi réglées que celles de la Mer-Caspienne, se décharge des eaux que lui apportent tous les fleuves du monde. L'évaporation, qui a lieu sur cette mer, est extrêmement forte, à en juger par l'éternelle humidité de la température qui règne dans le Daghestan, le Schirvan, le Ghilan et le Mazendéran.

Les côtes de la Mer-Caspienne, formées à l'est par des hauteurs escarpées, sont bordées au sud par des plaines marécageuses, et à l'ouest, ainsi qu'au nord, par des dunes sablonneuses ; le fond est jonché de coquillages réduits à l'état de débris et à celui de pétrification. La craie, le grès et les pyrites y sont les substances les plus communes. De vastes amas de jonc attristent les rivages, et dérobent à la vue l'embouchure des fleuves.

L'eau qui, près de l'embouchure des rivères, est presque douce, devint médiocrement salée au large ; Elle contient en outre les élémens ordinaires des eaux marines ; une quantité considérable de sel de glauber, qui provient peut-être de de la décomposition de la naphte si commune dans les montagnes caucassiennes, et dont quelques veines paraissent s'étendre jusques sous la mer. Les vents de nord-ouest font diminuer la salue et augmenter l'amertume. La forte phosphorescence des eaux grasses et bourbeuses de la Mer-Caspienne a été remarquée par le célèbre voyageur naturaliste Pallas ; mais suivant le Géographe Malte-Brun, la couleur noire qu'elles semblent prendre au large, parait ou mal observée, ou due à des illusions optiques.

Un grand nombre de poissons se propagent dans ce grand lac ; l'esturgeon est le principal objet de la pêche ; on en a pris en quelques années jusqu'à trois à quatro cent mille, mais on préfère, pour la délicatesse de la chair, le Sterlet. C'est de l'esturgeon étoilé qu'on tire le meilleur caviar et la colle la plus forte. Un million et demi de ces poissons, pris dans une seule année, ont valu un million de roubles.

Le Beluga des Russes qui est notre husson, devient d'une grosseur énorme ; il y en a que trois chevaux peuvent à peine traîner. On retrouve ce poisson dans le lac Aral, la Mer-Noire, le Danube, et dans les grands fleuves de la Sibérie, jusqu'à la Léna. On a pris cent mille hussons dans une année dans la Mer-Caspienne. Cette mer renferme aussi des phoques dont l'espèce n'est pas encore bien déterminée. Les espèces de coquillage et de plantes marines sont peu nombreuses.

Cette mer a une figure oblongue, très irrégulière. Son étendue est d'environ cent cinquante lieues du nord au midi, sur quarante ou cinquante de largeur. L'eau en est extrêmement salée, excepté dans les endroits où elle est adoucie par les eaux du Volga. Les Russes sont les seuls qui aient des vaisseaux sur cette mer; les Persans et les autres peuples voisins de ses bords, n'ont que des bateaux pour la pêche. Elle est très poissonneuse, mais on n'y trouve d'autres coquillages qu'une espèce de pétoncle, dont les écailles sont d'une couleur admirable. Il y a des endroits où l'eau est extrêmement profonde, et n'a d'autre reflux que celui qui est occasionné par le vent.

On voit dans ses environs une multitude prodigieuse d'oies sauvages. Les habitans les recherchent plutôt pour leurs plumes que pour leur chair, qui n'est pas en effet un mets bien délicat. Ils tendent leurs filets, se cachent dans une hutte faite de broussailles, et placent, de distance en distance, quantité d'oies empaillées, les unes debout, les autres accroupies dans leur attitude naturelle. Dès que le chasseur en aperçoit de véritables, il les appelle en imitant leur cri, avec un petit morceau de bouleau qu'il tient dans sa bouche, et après avoir voltigé quelque temps, elles viennent se poser parmi celles empaillées. Le chasseur alors tire un cordon, et en prend sous ses rets autant qu'il en peut atteindre. On pourrait avec succès employer la même méthode dans d'autres pays.

La Mer-Caspienne a subi un si grand nombre de dénominations différentes qu'il serait aussi aride que long de les énumérer toutes ; nous nous bornerons aux principales. Celle de *Caspienne* est une des plus anciennes; commune à la langue grecque et à la langue latine, elle est également usitée en georgien, en arménien et en syriaque. Les Rabbins l'appellent *Mer-Morte ;* les Bysantins et les Arabes, mer des *Khozares* ou *Chazares*, d'après une nation puissante ; et les annalistes russes l'ont connue dans le dixième siècle, sous le nom de *Gualens-Koie* ou *Chwa-*

lenskoie-More, d'après les *Chwalis*, peuple esclavon, très peu connu, qui habitait aux environs du Volga. Parmi les autres dénominations, la plus remarquable est celle qu'indique le Zend-Avesta. Ce livre apocryphe, mais plein d'anciennes traditions, nomme la Mer-Caspienne *Tchekaet Daéti*, c'est-à-dire la grande eau du jugement. Serait-ce, dit Malte-Brun, que le déluge de Noë, si fameux dans l'Orient, aurait quelque rapport avec des affaissemens qui ont pu concourir à la formation de la Mer-Capienne? Telle est, en abrégé, l'histoire de la géographie de ce lac immense dont les pays environnans étaient anciennement peuplés de nations nombreuses qui se sont répandues comme un torrent dans les plus belles contrées de l'Asie et de l'Europe.

Vous n'ignorez pas sans doute que c'est de cette partie de la Tartarie qui avoisine la mer Caspienne, qu'est sorti un peuple célèbre, qui a établi de puissantes monarchies dans l'Europe, l'Asie et l'Afrique ; qui a eu des empires plus étendus que celui de Rome, des empereurs illustres, des législateurs et des conquérants; un peuple avec lequel les Chinois, les Indiens, les Persans, les Arabes, les Grecs, les Romains, les Français, les Polonais, les Allemands, les Hongrois et les Russes ont eu de fréquens démêlés, et de cruelles guerres à soutenir ; qui a contribué à la destruction de l'empire d'Occident, ruiné celui des califes, ravagé la France, l'Italie, la Germanie, et les pays du nord de l'Europe ; un peuple enfin qui a subsisté avec éclat pendant plus de deux mille ans, et qui, depuis Pékin jusqu'à Paris, sous les noms de Huns, de Turcs, d'Alains, de Vandales et de Tartares occidentaux, a répandu l'épouvante dans tous les lieux où il a pénétré. Il en est fait mention dès les premiers temps de la monarchie chinoise, et on peut le regarder comme une de ces colonies qui abandonnèrent les plaines du

Sennaar peu de temps après le déluge. *Teouman* qui vivait deux cents ans avant Jésus-Christ, est le premier de ses princes dont le nom ait pénétré jusqu'à nous.

Les liaisons des Huns avec les Chinois n'adoucirent pas les mœurs des premiers, qui conservèrent toujours leurs manières sauvages. Des raisons de politique ayant obligé une princesse de la Chine d'épouser un de ces rois barbares, elle s'occupait quelquefois, pour dissiper son ennui chez cette nation féroce, à faire des vers, dans lesquels elle peignait ainsi son infortune.

« Ma famille m'a donné un époux et
« m'a forcée de demeurer dans un pays
« éloigné. Là, de misérables tentes sont
« mes palais ; des pieux en forment les mu-
« railles ; la chair crue fait toute ma nour-
« riture, le lait caillé est ma boisson. Oh!
« ma chère patrie, je pense continuelle-
« ment à vous, mon cœur est mortelle-
« ment blessé ; que ne suis-je un oiseau
« pour aller vous rejoindre ! »

Ceux des Tartares occidentaux qui sont venus ravager l'Europe, étaient gouvernés par différens chefs, dont les plus fameux se nommaient *Balamir, Aspar* et *Attila.* Ces princes furent vaincus les uns par les Romains, les autres par différens peuples. Attila porta la guerre dans le pays des Bourguignons qui habitaient les bords du Rhin, et en fit un horrible massacre. Il prit Trèves, Strasbourg, Spire, Worms, Mayence, Besançon, Toul, Metz, Orléans, et jeta la terreur jusque dans Paris.

Deux batailles qu'il perdit, l'une aux environs d'Orléans, l'autre dans les plaines de Troyes, l'obligèrent de repasser le Rhin. Il répara ses pertes, et se mit à la tête d'une nouvelle armée, qu'il conduisit en Italie, où il prit et saccagea plusieurs villes. On a beaucoup parlé de ses brigandages; on l'a flétri de la dénomination de *fléau de Dieu*; mais si l'on en croit ses compatriotes chez lesquels son nom est encore en vénération, Attila n'était superbe et barbare qu'avec ceux qu'il regardait comme ses ennemis. Au milieu de son peuple, c'était l'homme le plus doux et le plus indulgent.

L'empire des Tartares occidentaux périt en Europe avec Attila. Les nations qu'il avait vaincues secouèrent le joug, et les Huns se détruisirent par leurs propres divisions; ils se dispersèrent sous différens chefs, dans les plaines situées au nord de la Circassie, du Pont-Euxin, du Danube, où ils se confondirent avec d'autres barbares.

Si on en croit les habitans de Samarcande, ces peuples avaient le visage affreux; dès l'enfance on leur faisait sur les joues des incisions qui les privaient de la barbe pour le restant de leur vie. Leur corps était tellement ramassé et leur taille si mal prise, qu'ils ressemblaient à un morceau de bois. Leur manière de vivre était dure; les racines et la chair à demi crue mortifiée entre la selle et la peau de leurs chevaux, faisaient toute leur nourriture. Errans dans les plaines et les forêts, ils laissaient leurs femmes et leurs enfans sous des tentes, et n'avaient pas de demeure fixe. Ils supportaient la faim, la soif, la rigueur des saisons avec assez de patience, et n'étaient habillés que de peaux ou de toiles qu'ils laissaient pourrir sur leurs corps. Ils restaient toujours à cheval, et tenaient ainsi leurs assemblées. Ils combattaient sans ordre et en jetant de grands cris. Leurs chevaux étaient si légers qu'ils fondaient tout d'un coup sur l'ennemi, et disparaissaient en un instant. Enfin ces peuples étaient fourbes, inconstans, sans religion, avides de richesses, cruels et colères, en un mot semblables en tout à la plupart des Calmouks d'aujourd'hui.

D'autres colonies de cette nation vivaient dispersées en plusieurs endroits de la Tartarie. Dans la suite elles ont reparu sous des noms différens, mais celui de

Huns s'est entièrement perdu ; il a été remplacé par celui de *Turcs*. Leur chef prit le titre de *khan*, que portèrent tous ses successeurs.

Ils pénètrent du côté de l'occident, et forment un grand nombre de dynasties, qui enlèvent aux califes la plupart de leurs provinces. De simples esclaves turcs s'emparent de l'Égypte, et s'y établissent; d'autres se rendent maîtres du Khorasan; et d'une partie des Indes. Ils se partagent en plusieurs branches; l'une se fixe dans la Perse, et étend sa domination depuis Antioche jusqu'au Turkestan; une autre n'est arrêtée que par le détroit de Constantinople et enlève aux Grecs toute l'Asie-Mineure; enfin une troisième forme un empire dans la Syrie. L'invasion de ces barbares désole les contrées orientales; la Terre-Sainte conquise et réduite par eux dans une dure captivité, anime les chrétiens ; presque toute l'Europe met sur pied des armées innombrables, qui, sous le nom de *Croisés*, passent en Asie, et chassent pour quelque temps les Turcs de Jérusalem. Dans ces circonstances, Genghis-kan sort du fond du Turkestan, traverse d'immenses pays, inonde toute l'Asie. Ses enfans continuent ses grands projets, et soumettent le vaste empire de la Chine. La Perse est conquise, l'Asie-Mineure désolée, la Russie réduite en province et la Hongrie ravagée. Pendant ce temps-là quelques restes de Turcs qui s'étaient sauvés dans les montagnes, sortent de leurs retraites, et jettent les fondemens de l'empire ottoman qui enlève Constantinople aux chrétiens.

D'un autre côté, le Turkestan voit s'élever un chef de horde, qui renverse l'empire de Genghis-kan. Le fameux Tamerlan parcourt presque toute l'Asie, et vient pour ainsi dire aux portes de Constantinople. Il forme un empire puissant dont les débris donnent ensuite naissance à celui des Indes. Les princes de sa postérité règnent encore dans la Tartarie, qu'ils partagent avec les descendans de Genghiskan. Tel est le tableau des grandes révolutions qui ont rendu cette partie de l'Asie un des plus célèbres pays de l'univers.

TABLE

DES LIEUX, DES PERSONNAGES ET DES CHOSES REMARQUABLES DANS CE VOLUME CONTENANT LE JAPON, LA CORÉE ET LA TARTARIE.

Aliment ordinaire des Japonais,	page 74
Animaux divers au Japon,	89
Arbres communs au Japon,	106
Arbre au papier,	104
Arbre au vernis,	105
Balk, ville de la grande Bukharie,	197
Bokkara, ville de la grande Bukharie,	195
Bonzes ou prêtres du Japon,	12
Bukharie (la grande),	195
Bukharie (la petite),	203
Bukhariens (les),	198
Cachou parfumé,	93
Caractère physique et moral des Japonais,	51
Cérémonial japonais,	70
Chateaux au Japon,	95

Chemins et routes au Japon,	page 57
Climat de la Tartarie Chinoise,	158
Convoi funèbre au Japon,	33
Corée (Royaume de),	119 à 137
Cubo (le), monarque temporel du Japon,	20 et 23

Dairi (le), monarque spirituel du Japon,	19 et 22
Détails sur les Huns, les Turcs, les Alains, les Vandales, etc.	227
Deuil au Japon,	41
Dieux particuliers des Japonais,	88
Droit d'aînesse au Japon,	45

Eleuths,	173 et 174
Etablissement du Christianisme au Japon,	15
Etendue du Japon,	114
Etude particulière des Japonais,	54
Extinction du Christianisme au Japon,	17

Fousi (montagne de),	92

Glouton (le),	172
Gouvernement civil et militaire au Japon,	24

Habillement des Japonais,	48
Habillement des Japonaises,	50
Habillement des femmes Tartares,	181
Habillement des seigneurs Tartares,	181

HABITATION des Hollandais au Japon, page 8
HUTTES Tartares, 179

INDUSTRIE des Japonais, 53 et 107

JAPON (Empire du), 1
JÉDO, ville capitale du Japon, 97
JESUMI (le), 18

KALMOUKS, 170
KARISSIM, pays Tartare, 185
KASHGAR, ancienne capitale de la petite Bukharie, 203
KIRGUIS (les), peuple tartare, 212
KIRIN, province de la Tartarie chinoise, 140 et 146
KIRIN-OULA, capitale de la province de Kirin, 146
KOKURA, grande ville Japonaise, 69
KWANA, grande ville du Japon, 91

LAC de Faconi, 93
LANGUE des Japonais, 55
LANGUE des Kirguis, 217
LANGUE des Tartares mantchoux, 157
LIEU de déportation, au Japon, 33
LIÈVRES blancs, 161
Lois civiles et réglemens de police, au Japon, 101
Lois pénales du Japon, 29

Mariages japonais,	page 42
Martres-Zibelines,	150
Meaco, ville capitale du Japon,	79
Mer Caspienne (détails sur la),	220
Merghen, ville de la province de Tsit-Sicar,	151
Monastères de Bonzes japonais,	85
Mougden, capitale de la Tartarie chinoise,	140, 142 et 144
Nangasaqui, port du Japon,	3
Nangasaqui, ville du Japon,	4
Naturels de la petite Bukharie,	204
Ninguta, ville de la Tartarie chinoise,	146
Odowara, ville japonaise,	93
Oiseau merveilleux,	143
Ojingawa (l'), fleuve,	92
Osacka, grande ville du Japon,	71
Pagode impériale du Japon,	83
Palais impérial et autres,	99
Police du Japon,	57
Politesse japonaise,	55
Poligamie permise au Japon,	47
Population du Japon,	117
Postes régulières au Japon,	60
Princes subalternes au Japon,	26
Productions communes au Japon,	108

PRODUCTIONS particulières au Japon, page 90

RÉGLEMENT de police, à l'égard des étrangers arrivant au Japon, 4
RELIGIONS principales au Japon, 8
RENARDS noirs, 161

SAGHALIA, ville de la Tartarie chinoise, 150
SAMARCANDE, ville de la grande Bukharie, 196
SANGA, grande ville japonaise, 67
SCHIN-YANG, province de la Tartarie-Chinoise, 140

TARTARIE (la), 138
TARTARES mantchoux, 138 et 140
TARTARES mongols, 139 et 162
TARTARES Solons, 151
TARTARES tongouses, 152
TEMPLES divers, au Japon, 82
TEMPLES de Nangasaqui, 7
THÉ du Japon, 66
TSIT-SICAR, province de la Tartarie chinoise, 140 et 149
TURKESTAN (le), pays tartare, 188
TURKESTAN, capitale de la contrée du même nom, 189
TURKESTAN (peuple du), 189

URGENS, ville capitale de la province de Karissim, 185

USBECKS, peuple tartare, 191 et 201

VILLES (idée générale des), bourgs et villages du Japon, 94
VIE privée des dames japonaises, 47

YARKAND, capitale de la petite Bukharie, 204

FIN DU TOME SECOND

CONTENANT LE JAPON, LA CORÉE ET LA TARTARIE.

www.ingramcontent.com/pod-product-compliance
Lightning Source LLC
Chambersburg PA
CBHW070521170426
43200CB00011B/2285